선비의
컬렉션

선비의
컬렉션

초판 1쇄 인쇄일	2025년 11월 19일
초판 1쇄 발행일	2025년 11월 26일

기　획	한국국학진흥원
지은이	황정연
펴낸이	한선희
펴낸곳	국학자료원 새미(주)
	등록일 2005 03 15 제251002005000008호
	경기도 고양시 덕양구 권율대로 656 원흥동 클래시아 더 퍼스트 1519, 1520호
	Tel 02)442-4623 Fax 02)6499-3082
	www.kookhak.co.kr
	kookhak2010@hanmail.net

ISBN	979-11-6797-280-4 *94910
	979-11-6797-264-4 *94910 (세트)
가격	14,000원

ⓒ 한국국학진흥원 인문융합본부, 문화체육관광부

* 이 책의 한국어판 저작권은 한국국학진흥원과 문화체육관광부에 있습니다. 신저작권법에 의해
보호받는 저작물이므로 무단 전재와 복제를 금합니다.

* 저자와의 협의하에 인지는 생략합니다.
　국학자료원 · 새미 · 북치는마을 · LIE는 국학자료원 새미(주)의 브랜드입니다.

한국국학진흥원 전통생활사총서 56

황정연 지음
한국국학진흥원 기획

선비의
컬렉션

국학자료원

◈ 책머리에

한국국학진흥원은 2022년부터 문화체육관광부의 지원 아래 전통생활사총서 사업을 기획하였다. 이 사업은 전통 시대 생활문화를 대중에게 널리 알리고자 해마다 20명의 생활사 전문 연구진을 섭외하여 추진해 왔다. 지난해까지 40종의 총서를 대중에게 선보였고, 올해도 다채로운 주제를 담은 20권을 발간하였다.

한국국학진흥원은 국내에서 가장 많은 67만여 점에 이르는 민간 기록물을 소장하고 있는 기관이다. 대표적인 민간 기록물이라 할 수 있는 일기와 고문서는 당시 사람들의 일상을 세밀하게 이해할 수 있는 생활사의 핵심 자료이다.

그동안 한국의 역사는 '조선왕조실록'이나 '승정원일기'와 같이 세계적으로 자랑할 만한 국가 기록물의 존재로 인해 중앙을 중심으로 이해되어 온 경향이 있다. 반면 민간의 일상생활에 대한 이해와 연구는 상대적으로 덜 주목받은 것도 사실이다. 다행히 한국국학진흥원은 일찍부터 민간에 소장되어 소실 위기에 처한 자료들을 수집하고 보존 처리하며 관리해 왔다. 나아가 이들 자료를 번역하고 심층 연구하여 대중에 공개했다. 이러한 민간 기록물을 활용하고 일반 대중에게 기여할 수 있는 효과적인 방법으로, '전통 시대 생활상'을 생생하게 재현한 대중서로 집필하기에 이르렀다. 이는 일반인이 쉽고 재미있게 읽을 수 있는 전통생활사총서를 간행한 이유이기도 하다.

총서 간행을 위해 일찍부터 생활사의 세부 주제를 발굴하는 전문가 자문회의를 개최하고, 전통 생활문화를 가장 잘 구현할 수 있는 핵심 키워드를 선정하였다. 인간의 생활을 규정하는 보편적 분류인 정치, 경제, 사회, 문화의 큰 틀 아래, 매년 각 분야에서 핵심적이고 흥미로운 키워드를 선정하여 집필 주제를 정했다. 이번 총서의 키워드는 정치는 '지방 수령의 생활', 경제는 '시장 경제와 화폐 유통', 사회는 '질병과 의료', 문화는 '여가생활'이다.

각 분야마다 5명의 전공자로 집필진을 구성하고, 독자들이 어디서나 가볍게 들고 다니며 쉽게 읽을 수 있도록 다양한 사례를 풍부하게 담아달라고 요청하였다. 풍부한 사례 제시와 더불어 전문 연구자의 깊이 있는 시각을 담아 대중성과 전문성을 동시에 담보할 수 있는 것이 본 총서의 매력이다.

전문적인 서술로 대중을 만족시키기는 결코 쉽지 않다. 원고 의뢰 이후 5월과 8월에는 각 분야의 전공자를 토론자로 초청하여 2차례의 포럼을 진행하였고, 11월에는 완성된 초고를 바탕으로 대규모 학술대회를 개최하였다. 포럼과 학술대회를 통해 원고의 방향과 내용이 더욱 견고해지도록 점검하는 시간을 가졌다. 원고 수합 이후에는 각 책마다 전문가 3인의 심사 의견을 받았다. 출판사를 선정하여 수차례의 교정과 교열 작업을 거치며 완성도를 극대화했다. 책이 세상의 빛을 보기까지 꼬박 2년이 걸렸다. 짧다면 짧은 기간이지만, 2년의 응축된 시간 동안 꾸준히 검토 과정을 거쳤고, 토론과 교정을 통해 원고의 완성도를 높이기 위해 분주히 노력했다.

전통생활사총서는 국내에서 간행하는 생활사총서로는 가장 방대한 규모이다. 국내에서 전통생활사를 연구하는 학자 대부분을 포함하였다. 2024년도 한 해의 관계자만 연인원 백 명이 넘는 명실공히 국내 최대 규모의 생활사 프로젝트이다.

1990년대 이후 폭발적으로 증가했던 일상생활사와 미시사 연구에 대한 학계의 관심이 근래 들어 다소 소홀해진 상황이다. 본 총서의 발간이 생활사 연구에 활력을 불어넣는 계기가 되기를 기대한다. 연구의 활성화는 연구자의 양적 증가로 이어지고, 연구의 질적 향상 또한 이끌 것이다. 이는 전통문화에 대한 대중들의 관심 역시 증폭시키는 선순환을 만들어 낼 것이라 고대한다.

본 총서는 한국국학진흥원의 연구 역량을 집적하고 이를 대중에게 소개하기 위해 기획된 대표적인 사업 중 하나이다. 참여 연구자의 대다수가 전통 시대 전공자이며 앞으로 수년간 지속적인 간행을 준비하고 있다. 올해에도 20명의 새로운 집필자가 각 어젠다를 중심으로 집필에 들어갔고, 내년에 또 20권의 책이 간행될 예정이다. 앞으로 계획된 총서만 100권에 달하며, 여건이 허락하는 한 이 소중한 작업을 지속할 예정이다.

대규모 생활사총서 사업을 지원해 준 문화체육관광부에 감사하며, 본 기획이 가능하게 된 것은 한국국학진흥원에 자료를 기탁해 준 분들 덕분이다. 다시 한번 깊이 감시드린다. 아울러 총서 간행에 참여한 집필자, 토론자, 자문위원 등 연구자분들께도 진심으로 감사 인사를 전한다. 책의 편집을 책임진 국학자료원에도 고마움을 표한다. 이 모든 과정은 한국국학진흥원 여러 구성원들의 노력이 있었기에 가능했다.

2025년 11월
한국국학진흥원 인문융합본부

차례

책머리에   4

들어가는 말_ 어떤 눈이 예술을 남기는가   10

1. 수장가의 탄생
—유만주라는 인물   17

예술을 읽는 집안에서 태어나다   19

수장을 배우다
: 고금의 서화를 손에 쥔 가문의 인물들   23

2. 수집 대상과 경로
—유만주는 무엇을 어떻게 모았나   31

수장의 범주   33

수집 경로: 인적 교류와 시장의 이용   40

3. 선비의 눈, 수장가의 손
— 유만주의 안목과 비평 47

골동품의 가치를 알아보다 49
수장가에서 비평가로 56
서화 감상과 수집 72

4. 남긴 것, 이어진 것
— 유만주 이후,
조선 후기 사가私家 서화수장의 흐름 91

수장가로서 유만주가 남긴 유산 93
유만주 이후 활동한 수장가들 96

나오는 말_
수장가, 예술의 생명을 이어준 숨은 공로자 142

주석 146

참고문헌 162

◈ **들어가는 말_** 어떤 눈이 예술을 남기는가

최근 19세기 프랑스 소설가 오노레 드 발자크Honoré de Balzac(1799~1850)의 『골동품 진열실Le Cabinet des Antiques』을 읽었다. 사 두고도 차일피일 미루다 보니, 어느새 책장 한편에서 먼지만 쌓인 채, 말 그대로 '골동품'이 되어가고 있었다.

이 소설에서 말하는 골동품은 낡은 물건을 뜻하는 것이 아니다. 프랑스 혁명을 겪고도 여전히 구시대적 관습에 얽매여 있던 귀족 계층과 신흥 부르주아들을 지칭하는 은유적 표현이다. 즉 '골동품 진열실'이란 시대의 변화를 인지하지 못한 인물들이 모여 있는 공간이라 해석할 수 있다. 현실 비판적 시선을 지녔던 작가답게, 발자끄는 시대에 뒤처진 이들을 '골동품'으로 상징화했으며, 이는 오늘날 우리가 이 단어에서 떠올리는 막연한 인상과도 크게 다르지 않다.

'고동古董' 혹은 '골동骨董'이라는 말은 자질구레하고 오래된 기물들을 통칭하는데, 원래는 중국에서 유래했다. 뼈나 채소 등 잡다한 재료를 넣고 장시간 끓인 국물에 밥을 말아 먹는 음식을 '골동갱骨董羹' 또는 '골동반骨董飯'이라 부른 데서 비롯된 것이다. 이로 인해 골동품은 때때로 '쓸모없음'을 전제로 한 잡동사니처럼 인식되기도 한다. 그럼에도 불구하고, 세월의 흔적이 깃든 골동품에서 심미적 가치를 발견하고 애정을 담아 수집한 이들이 동서고금을 막론하고 존재해 왔다는 사실은 유념할 만하다. 발자끄 역시 '골동품=구시대'라는 도식을 통해 인물들을 풍자했지만, 물건 그 자체가 지닌 예술성과 존재 가치를 부정하지는 않았다.

조선시대 또한 예외가 아니었다. 그림과 글씨는 물론 청동기, 도자기, 옥기, 붓, 먹, 벼루, 연적, 인장印章 등 다양한 골동품을 수집하고 그 안에서 심미적인 가치를 발견하고 향유하는 문화가 존재했다. 이들 기물은 단순한 소장의 대상이 아니라 학술적·미적 감상의 대상으로 여겨졌으며, 골동품 수장을 단순한 취미가 아닌 지식 추구의 한 방식으로 삼았다.

오늘날 우리 역시 골동의 가치를 새삼 돌아보게 된 계기가 있었으니, 고故 삼성 이건희 회장의 미술품 컬렉션이 대중에 공개된 사건이 그것이다. 2021년, 그의 수장품 중 상당수가 국가에 기증되면서 문화계는 신선한 충격과 깊은 반향에 휩싸였다. 전국의 공공미술관에서 열린 기증전은 그의 기업가로서의 이미지 뒤에 숨어 있던 미술 애호가로서의 면모를 새롭게 조명하는 계기가 되었다. 그가 남긴 서책, 회화, 서예, 도자기, 공예품 등은 단지 물리적 유산이 아니라, 수장가收藏家의 애정과 안목, 그리고 수집이라는 행위가 지닌 사회·문화적 의미를 되돌아보게 한 계기였다.

수집의 규모와 주체, 대상 면에서는 차이가 있으나, 조선시대 예술품 수장 또한 이건희 컬렉션이 보여준 수장의 본질이나 그 파급력과 결코 동떨어져 있지 않다. 이건희 회장과 마찬가지로, 조선의 수장가들이 우리 시대에 남긴 가장 큰 기여는 바로 '전승傳承'을 가능케 했다는 점이다. 예술 작품의 생명력은 곧 그것의 전승 여부에 달려 있다고 해도 과언이 아니다.

박물관이나 미술관에서 옛 그림이나 글씨를 마주하며 "이 작품은 누구의 손을 거쳐 이 자리에 이르렀을까?"라고 속으로 궁금해 했던 경험이 있을 것이다. 창작자가 작품을 완성하는 동안 그 안에 삶의 조각들을 담아내듯, 작품은 작가의 손을 떠난 이후에도 또 다른 이야기를 품은 채 여러 사람들의 손을 거친다. 이러한 '작품의 여정'을 우리는 곧 '수장사收藏史'라 부르며, 그 역사의 주체로서 언제나 수장가가 존재해 왔다. "좋은 작품은 만드는 자보다 알아보는 자에 의해 살아남는다."라는 말이 있다면, 오늘날 우리가 접하는 수많은 고서화가 남아 있을 수 있었던 비결도 결국은 수장가들의 활동 덕분일 것이다.

종이와 먹이 예술의 기본을 이루었던 동아시아 사회에서 예술품 수장은 단지 아름다운 물건을 모으는 행위를 넘어, 시대의 정신과 심미안이 응축된 문화적 실천이었다. 따라서 수장가란 예술적이거나 고고학적 가치가 있는 사물들을 감식하고 수집한 사람으로서, 단순한 수집가가 아닌 감식가이자 보존가, 예술 후원자의 역할을 수행한 인물이라고 할 수 있다.

조선시대 서화수장의 주체는 크게 궁중과 사가私家로 나뉘며, 다시 궁중에서는 왕실 구성원(국왕, 비빈, 세자, 후궁 등)과 종친宗親이 포함되었고, 사가에서는 양반과 중인을 아우르는 민간 수장가들이 활동하였다. 신분적 지위와 사회적 명망을 바탕으로 수장품을 이룬 이들도 많았지만, 시대의 흐름과 무관하게 자신만의 지적 세계를 추구한 이들 또한 적지 않았다. 이들은 양반 관료, 시인, 화가, 서예가, 중인 등과 교유하며 무명의 작가를 후원하고 문예 취향을 선도하는 '그림자 역할'을 수행하였다. 의도했든 아니든, 그들의 활동은 당시 예술계와 긴밀히 맞닿아 있었고, 시대적 심미안과 예술 담론의 형성에 지대한 영향을 미쳤다.

말하자면 수장가는 서화사의 전개 과정, 새로운 양식의 등장과 수용, 그리고 예술을 둘러싼 대화를 가능케 했던 문화적 주체였다. 이는 이건희 컬렉션에 포함된 동서양 화가들의 작품들이 단순한 미술품이 아니라, 그들의 창작활동과 회화사의 다양한 국면을 반영하는 기록이라는 점과도 맞닿아 있다.

이처럼 수장은 수장가 개인의 취향과 감상 수준은 물론, 인적 교류와 사회적 지위를 반영하는 종합적인 문화현상이자, 당대의 시대상과 지성사의 흐름을 읽을 수 있는 중요한 창구이다. 그럼에도 오늘날 수장가에 대한 일반의 인식은 여전히 제한적이다. 수장 행위를 단지 경제적 여유에서 비롯된 호사好事로, 혹은 고루한 골동 취미쯤으로 여기는 경향이 여전히 남아있는 듯하다.

이 책은 그러한 시선에 문제를 제기하며, 조선시대 서화수장사의 다양한 면모를 쉽고 깊이 있게 전달하는 데 목적이 있다. 이를 위해 조선 후기 학자 유만주兪晩柱(1755~1788)의 일기『흠영欽英』을 중심으로 관련 내용을 소개할 계획이다. 유만주는 당시의 학술과 문예 취향을 잘 보여주는 인물이며, 그가 1775년부터 1787년까지 13년간 매일 써 내려간 일기인『흠영』은 서화 수집과 감상에 대한 기록이 세밀하게 남아 있어 조선 18세기 한 수장가의 일상을 생생하게 복원할 수 있는 귀중한 자료다. 당시 서울 양반이 일상 속에서 접한 서화, 중국 서적과 서양서, 심지어 서양화에 이르기까지 문화적 경험을 풍부하게 담고 있다. 18세기 선비 유만주를 통해 수장이 지닌 학술적·역사적 의미를 조망함으로써, 여전히 취미 영역에 머무르고 있는 예술품 수집의 가치를 새롭게 환기시키고자 한다.

비록 유만주라는 인물이 오늘날 대중적으로 잘 알려진 역사 인물은 아니지만, 그가 남긴 기록은 조선 사람들이 '수장'과 '수장가'를 어떻게 인식했는지, 수장가들의 사회적 부류와 이들이 수집한 작품의 범주, 수장의 경로는 무엇이었는지, 그리고 수장가의 감식안과 작품감상, 보관방법은 어떠했는지에 관한 구체적인 정보를 담고 있다. 이러한 사항은 조선 문인들이 기록으로 거의 남기지 않았다는 점에서 유만주의 사례는 더욱 흥미롭게 다가온다. 아울러 마지막 장에서는 유만주를 기점으로 활동 시기도 다르고 지역도 달랐던 개인 수장가들에 대해 살펴봄으로써, 조선 후기 사가 서화수장의 경향과 이들이 후대에 남긴 문화적 유산에 대해 생각해 보는 기회를 제공하고자 한다.

이 책에 담긴 글은 필자가 조선시대 사가私家 서화수장사를 조명하고자 개별적으로 발표했던 논문들을 대중적 서술에 맞게 다듬고, 오류도 대폭 수정한 것이다.[1] 독자와의 소통을 염두에 두되, 학술적 깊이를 유지하기 위해 원문에 대한 각주와 참고문헌을 가능한 한 충실히 수록하고자 하였다. 이 책을 통해 조선시대 수장가들이 추구했던 서화 수집의 다양한 면모를 진지하게 되새기고, 그 속성과 의미를 보다 깊이 이해할 수 있다면, 수장사를 공부하는 사람으로서 더없는 기쁨일 것이다. 나아가 이 책이 옛 수장 문화가 지닌 미적·문화적 가치를 다시금 인식하는 계기가 되고, 오늘날 미술품 컬렉팅이 나아가야 할 바람직한 방향을 모색하는 데 작게나마 보탬이 되기를 바란다.

1

수장가의 탄생
―유만주라는 인물

예술을 읽는 집안에서 태어나다

유만주는 조선 후기 명문가인 기계유씨杞溪兪氏의 자산공파慈山公派 출신으로, 학자이자 문장가인 유한준兪漢雋(1732~1811)과 순흥안씨順興安氏 사이에서 장남으로 태어났다. 족보에 의하면, 유한준은 만주, 면주冕柱 두 아들을 두었는데 그의 형 유한병兪漢邴이 자식이 없자 유만주를 양자로 보내 유한병의 후사를 잇도록 하였다.

자는 백취白翠라고 하였고, 호는 흠영欽英, 흠고당欽古堂, 봉해외사蓬海外史 등 다양하게 썼다. 여기에 더해 1767년 이후 스스로 '통원通園'이라 칭하며 새로운 호를 쓰기 시작했으며, 이는 훗날 유만주의 대표적인 호로 알려졌다. 『흠영』 1767년 3월 초 3일 기록에 의하면 "통원은 대개 내가 정미년 이후 스스로 부른 호이다通園者, 盖余丁未以後自號也)."라고 되어 있어, 그의 호가 단순한 별호를 넘어 자전적 전환의 계기였음을 말해준다.

유만주가 속한 기계유씨는 조선 영·정조 시기에만 17명 이상의 당상관을 배출한 대표적인 문인 관료 가문이었다. 덕분에 학문과 문예뿐 아니라 서화에 있어서도 탁월한 인물들을 다수 배출하였고, 안정된 경제력을 바탕으로 방대한 서책을 소장할 수 있었던 환경을 갖추고 있었다. 이러한 가풍은 숙민공肅敏公 유강兪絳(1510~1570)으로부터 비롯되었다고 할 수 있다. 유강은 후손들에게 많은 장서를 축적한 선조로 인식되고 있었으며, 이는 유만주가 "숙민공이 뱃길로 중국에 사신으로 갔다가 돌아올 때, 배 한가득 책을 사서 돌아왔다고 하니 그 많음을 미루어 짐작할 수 있다. 장서 목록 4책은 여전히 남아 있다."라고 기록한 내용을 통해서도 짐작할 수 있다(『흠영』 21책, 1786년 1월 6일).

한편, 유강의 아들이자 유만주의 증고조부인 유황俞榥(1599~1655)은 이정구李廷龜의 문인이었고, 고조부 유명뢰俞命賚는 송시열의 제자였다는 점에서 학문·정치적으로 서인계였으며, 이후 그의 집안은 대대로 벼슬길에 올라 노론계 사대부 집안으로 성장해 학문과 정치, 예술 분야에서 두각을 나타내었다.

기계유씨는 조선 후기 경화 사족의 일원으로 서울 북촌, 그중 오늘날 옥인동 근방인 옥류동 일대에 터를 잡고 세거하였으며, 안동 김씨(청풍계), 의령남씨(자하계)와 긴밀한 교유관계를 맺었다. 훗날 유한준은 이를 두고 "청풍의 김씨, 자하의 남씨, 옥류의 유씨(기계유씨)가 가장 오래되었으며, 이들 세 집안은 선대부터 서로 화목하게 지내며 인연을 이어왔다."라고 회고하였다. 이는 청풍계靑楓溪라 불린 옥류동이 조선 후기 서울의 문화·정치적 중심지로, 명문가들이 밀집해 살았음을 보여주는 대목이다.

다만, 유만주의 직계 선대는 주로 현감이나 포의布衣로 생애를 마쳤고, 형제들도 일찍 사망했기 때문에 관료로서 두드러진 활동을 보인 인물들은 드물었다. 부친 유한준 또한 음직蔭職으로 벼슬길에 올라 형조참의에 이르렀을 뿐, 청요직에는 오르지 못했다. 유만주 역시 벼슬에 나아가지 않고 평생을 포의로 지냈다. 그럼에도 『흠영』 곳곳에 그가 귀한 탕약을 구하거나, 거간꾼으로부터 희귀한 서적을 구입한 행위가 기록된 것으로 보아, 상당한 경제적 여유를 누렸음을 추측할 수 있다. 유만주의 경제력을 엿볼 수 있는 몇 가지 사례를 제시하면 아래와 같다.

- 1779년 5월 15일: 새집 임대료 3만 1천 문 지불.
- 1779년 1월 7일: 의원에게 부탁한 약재값 3,455문(345냥) 지불.
- 1780년 8월 29일: 가장家藏 서책 3백여 권을 살펴봄.
- 1780년 9월 11일: 은향무환제殷享武丸劑[약재의 일종] 값 970문 지불.
- 1783년 5월 3일: 야원다夜元茶[약재]를 53문에 지어옴.
- 1784년 4월 28일: 어머니 보약값으로 48문 지불.
- 1784년 11월 9일: 책장수로 하여금 『정씨전서鄭氏全史』

와 『김씨전서金氏全書』를 구입하는 방법을 알아봄.

○ 1785년 11월 12일: 고급 약재인 삼용출蔘茸朮을 700냥에 구입.

당시 쌀 한 말 값이 25-50문에 달한 반면, 녹용값이 약 170냥의 고가였고 집 매매 가격이 약 5-6만 문(5-6천 냥)에 해당했음을 감안하면, 유만주의 집값이나 약값, 서책 구입비 등 소비 수준은 상당히 높았던 것으로 생각된다.

유만주 자신은 물론 자주 아팠던 가족력으로 말미암아 『흠영』에는 의원으로부터 약재를 구입한 기록이 많이 발견된다. 이밖에 가택 매매 비용, 노비나 쌀값에 대한 내용이 기록되어 있어 당시 경제 상황을 유추할 수 있다. 그리고 중개인을 통해 중국의 최신 간행본이었던 『책궤총서柵几叢書』, 『통감집람通監輯覽』, 『한위총서漢魏叢書』, 『절강서목浙江書目』 등을 입수하려 한 것으로 보아 그의 여유 있던 경제력을 가늠할 수 있다. 이러한 경제력은 그가 수집가로서의 삶을 가능케 한 중요한 조건이었고, 당대 지식인으로서 뚜렷한 위치를 점하게 한 기반이기도 했다.

수장을 배우다: 고금의 서화를 손에 쥔 가문의 인물들

높고 화려한 벼슬길과는 다소 거리가 있었지만, 유만주의 가문은 수준 높은 문화적 전통을 유지하며 동시대 문사들 사이에서 널리 명성을 얻었다. 이러한 분위기 속에서 유만주가 예술에 대한 안목을 키우고 수장가로 성장할 수 있었던 데에는 부친 유한준의 영향이 컸던 것으로 생각된다. 유한준은 남유용을 비롯해 김상용의 6대손 김이곤, 외조카 김이중 등과 함께 시회를 결성해 문학과 예술을 즐겼으며, 특히 문예에 남다른 열정을 지녔던 남유용에 대한 인간적인 존경심이 지극했다.[2] 만년(72세)에 그는 조중첨趙重瞻(74세), 이낙배李樂培(73세), 김재돈金在敦(71세), 시간수徐簡修(70세) 등 순서대로 한 살씩 나이 차이가 있는 이들과 함께 북송의 시인 두연杜衍의 수양고사를 따라 '오로회五老會'라는 모임을 결성하고 시문을 주고받으며 교류를 이어갔다. 그 풍경은 1803년 화가 홍필우洪必遇가 그린 〈오로도五老圖〉(개인소장)에 잘 묘사되어 있다.

한양의 문인들과 교유하며 학문과 문학에 몰두했던 유한준의 성향은 아들 유만주로 하여금 당대 문장가들에 대한 관심을 갖고 그들의 문학 세계를 성찰하게 만드는 계기가 되었다. 유만주가 김창흡, 이병연, 남유용, 황경원(1709~1787) 등 여러 문인들의 문장에 대해

비평한 글을 다수 남긴 것은 이러한 영향을 잘 보여준다. 또한, 그가 박지원, 박제가, 김광국 등 서화 예술에 조예가 깊었던 인물들과 교유할 수 있었던 것도 부친으로부터 물려받은 가풍과 안목이 뒷받침되었기 때문으로 볼 수 있다.

유한준이 교유한 문인 가운데 유만주에게 깊은 영향을 끼친 인물은 박지원(1737~1805)이었다. 유한준과 박지원은 문학관의 차이로 인해 갈등이 있었지만, 중년까지는 절친한 관계를 유지했으며 유만주와도 교류하였다.[3] 유만주는 『흠영』에서 박지원에 대해 긍정적으로 평가하고, 「필세설筆洗說」로 대표되는 박지원의 골동 서화 감식에 대해 쓴 글을 직접 옮겨 적기도 하였다. 이는 그가 박지원의 문장론과 예술관에 깊이 공감하고 있었음을 말해준다.

유한준은 문장뿐 아니라 서화에 대한 식견 또한 뛰어나 다양한 작품을 감상하고 제발題跋을 남기는 등 활발한 감평 활동을 펼쳤다. 그가 본 작품으로는 명나라 숭정황제의 어필 〈빙호옥조冰壺玉藻〉 네 글자, 조상들의 유묵, 명현필적, 당나라 회도인의 《유피첩榴皮帖》, 《홍범洪範》 병풍, 풍속화의 일종인 《속화첩俗畵帖》, 신선도 주제인 〈해선도海仙圖〉와 〈남극성정南極星精〉, 그리고 중인 출신 수장가 김광국金光國(1727~1797)이 엮은 화첩인 《석농화원石農畵苑》 등이 있었다. 특히 《석농화원》에 붙인 발문에서, 유한준은 김광국을 두고 '그림을 아는

자知畵者'라 평하며 그의 감식안을 높이 평가하였다. 이러한 교유는 후손에게도 이어졌고, 유만주 역시 김광국과의 교류를 통해 이 화첩을 접할 기회를 가졌다.[4]

입수 경위는 불분명하나, 유한준은 자신이 소장했던 은배銀杯, 옥문연玉文硯, 해월연海月硯, 양금洋琴 등 골동품에도 명문을 남겼다. 이는 18세기 경화 사족 사이에서 골동 기물을 수장하고 명銘을 짓거나 새기는 풍조가 유행했던 현상과 관련이 있으며, 금석과 골동 서화에 관심이 많았던 홍양호에게서도 유사한 사례를 찾아볼 수 있다.[5]

유한준은 선조들의 초상화 제작에도 깊은 관심을 가졌고, 화원들과 긴밀하게 교류하며 영정 제작에 힘을 쏟았다. 기록에 따르면 유씨 가문을 방문한 화원으로는 조박趙璞과 장홍張紭(18세기)이 있었다. 조박은 유한준의 종숙부인 삼정三定 유언숙俞彦鏞의 초상을 그렸지만, 세부가 미흡하다고 판단해 1777년 장홍을 다시 불러 손질하게 하였다.[6] 장홍은 같은 해 유한준의 초상도 그렸고 유만주는 이에 대한 기록을 남겼다. 『흠영』에 "장생이 그린 여러 초상화를 보았다見張生所畵諸眞."라는 구절이 있는데, 이 시기에 유씨가를 방문한 화원이 장홍뿐이므로 '장생'은 장홍을 지칭하는 것으로 보인다. 하지만 장홍이 그린 유한준의 초상화는 전해지지 않으며, 현재 남아 있는 것은 1800년(69세)에 그려진 작자 미상의 〈유한준 초상俞漢雋肖像〉

1. 수장가의 탄생 ─ 유만주라는 인물   25

그림 1
작자미상, 〈유한준 초상〉, 1800년, 비단에 채색, 190×88cm, 서울대학교 규장각한국학연구원 소장

(그림 1)뿐이다. 이 그림에는 화가의 관지가 없지만, 유만주와 장홍의 관계를 고려할 때 이 초상 역시 장홍의 작품일 가능성이 크다. 그림 속 유한준은 복건을 쓰고 심의深衣를 입었으며, 두 손을 모으고 오른쪽으로 약간 몸을 튼 자세로 앉아 있다. 두 눈은 움푹 팼고 얼굴에는 약간의 곰보 자국이 있지만, 학자로서 기품과 절제가 느껴진다.

문학과 예술에 심취하고 예술가들과 교유했던 유한준의 활동은 유만주의 예술적 성향이 형성되는 데 일정한 영향을 주었다고 볼 수 있다. 일각에서는 유만주가 34세라는 젊은 나이에 요절했기 때문에 가풍을 온전히 소화하기에는 한계가 있었을 것으로 추측하기도 하지만, 그의 일기를 살펴보면 문학을 비롯한 서화 애호의 취향이 유한준으로부터 비롯되었고 어려서부터 익히 영향을 받아 이 방면에 뜻을 품었음을 알 수 있다.

무엇보다 유한준이 남긴 방대한 장서 덕분에 유만주는 독서에 몰두할 수 있었고, 이는 때로는 기벽奇癖에 가까울 정도로 지나친 수준이었다. 그는 "우리 사대부들이 책 읽기를 지나치게 좋아하는 것도 일종의 기벽이다我輩酷愛閱書, 亦一癖也|."라고 언급했으며, 이는 명·청대의 최신 서적에 대한 접근이 다른 지역에 비해 비교적 수월했던 18세기 서울 양반의 생활상을 잘 보여준다.

유만주가 부친 유한준에게서 박학다식한 가풍을 물려받았다면, 금석문과 명필묵적에 대한 식견은 종숙부 유척기兪拓基(1691~1767)로부터 이어받은 것으로 보인다. 유척기는 김창집의 문인으로, 서화 작품에 대한 감식안이 뛰어났으며, 『지수재집知守齋集』의 제발문을 통해 금석문 감상에 대한 그의 관심과 이해를 엿볼 수 있다.[7] 또한 그는 도장에도 깊은 애호를 보여 약 156과의 인장을 소장했다고 하며, 대부분 전각에 능통했던 이인상李麟祥에게 의뢰해 제작한 것으로 전해진다.[8]

누구보다도 유척기는 홍양호洪良浩, 김재로金在魯와 교유하며 조선 후기 금석문 수집과 발굴에 심혈을 기울임에 따라 기계유씨 인물들 중에서도 이 분야에 있어 가장 두드러진 활약을 하였다. 유한준의 문집에서 비문碑文이나 종정문鐘鼎文 등 금석에 관한 글을 거의 찾아볼 수 없는 반면, 『흠영』에 관련 글이 다수 수록되어 있다는 사실은 유만주가 당대 뛰어난 금석학자였던 유척기로부터 일정한 영향을 받았음을 시사해 준다. 실제로 그는 유척기가 만든 『금석총목金石叢目』을 참조하여 자신도 금석록을 만들고자 시도하였다. 유만주의 금석록은 전해지지 않으나 기록을 바탕으로 보면, 총 32부로 분류되었고 능陵이나 전殿에서 시작하여 절탑[寺塔]으로 끝나는 방대한 금석록이었을 것으로 추정된다.[9]

유한준의 사촌 동생 유한지俞漢芝(1760~1834) 역시 유만주에게 기계유씨 가문의 예술전통을 전수한 인물이다. 유척기와 유한지 모두 중국에서 유입된 전서와 예서첩을 바탕으로 고졸한 전예풍을 구사했던 서예가였다는 점에서 공통점이 있지만, 유척기가 옛 비문 탁본을 수집해 연구에 많은 열정을 쏟았다면 유한지는 김홍도, 이인문 등 동시대 화가들과 교유하며 이들의 작품에 제발문을 쓴 활동에 더 관심을 기울였다. 단아한 전서로 쓰인 『흠영』의 표제 역시 유한지가 써 준 것이며, 이 외에 유한지가 유만주에게 자신의 글씨를 선물로 준 일화가 『흠영』에 종종 등장한다. 물론 이 두 사람과의 교유가 유만주가 금석에 대해 관심을 갖게 된 직접적인 계기가 되었다고 단정할 수는 없다. 그러나 그가 전서와 예서의 서법이나 변천, 전예서로 쓰인 비문에 대해 쓴 글은 취미 수준을 넘어 전문적인 지식을 구비했음을 보여주고 있어, 유척기·유한지·유만주를 포함한 기계유씨 가문의 금석 취향이 18세기 후반 경화 사족의 학예 경향으로 정착되어 가는 단계를 대변해 준다.

2

수집 대상과 경로
― 유만주는 무엇을 어떻게 모았나

수장의 범주

조선시대의 수장은 본래 책을 모으는 장서藏書에서 출발했다. 학술과 문화를 양반 사대부들이 주도하던 당시의 사회 분위기를 고려하면 이는 자연스러운 현상이었다고 할 수 있다. 따라서 그림과 글씨, 골동보다는 서책을 우선적으로 수집하였고, 이로 인해 장서가藏書家로 이름을 떨친 인물들이 여럿 등장했다. 수장가 대부분이 경제력이 뒷받침된 양반층이거나, 간혹 부를 축적한 중인층 출신이었다는 점도 이러한 경향을 뒷받침하지만, 보다 본질적으로는 조선 사회가 문치주의를 표방하였기에 서책 수집이 사회적으로 자연스럽게 용인되었던 것이다.

이에 비해 서예나 회화는 상대적으로 수집의 후순위에 놓였다. 선비가 서책을 아끼고 모으는 것은 마땅한 일로 여겨졌지만, 그림이나 글씨와 같은 감상용 물품은 그들의 고결한 뜻을 해칠 수 있는 '완물상지玩物喪志'의 위험이 있는 대상으로 간주되었기 때문이다. 특히 그림은 조선 초기부터 하찮은 기술, 곧 '잡기雜技'로 인식되어 서예보다 그 위상이 낮게 평가되는 분위기가 일반적이었다.

이러한 문화적 맥락 속에서 조선시대 수장의 주요 범주는 서책—서예 작품—회화작품 순으로 비중이 정해졌으며, 이는 왕실과 사가

私家 모두에게 공통적으로 나타난 현상이었다. 서예 작품으로는 중국과 조선의 역대 서예가들의 필첩이나, 글씨 연습의 모범이 된 법첩法帖, 고문古文의 흔적을 알 수 있는 금석문 탁본이 주요 수장 대상이었다. 회화 역시 중국, 일본, 조선 화가들의 작품이 고루 수집의 대상이 되었고, 수장가가 직접 교유한 작가의 작품도 애장되었다. 예컨대 심환지沈煥之(1730~1802)는 진경산수화의 선구자 정선鄭敾(1676~1759)의 후손들로부터 《경교명승첩京郊名勝帖》이나 〈인왕제색도仁王霽色圖〉와 같은 대표작을 구해 소장하였고, 김광국은 선배 수장가인 김광수金光遂로부터 신라 김생金生(711~?)의 〈신라태자사 낭공화상 백월서운탑비新羅太子寺朗空和尙白月棲雲塔碑〉 탁본을 입수하였다(그림 2). 이러한 금석첩은 유묵이 거의 전하지 않는 고대 서예의 흔적을 감상하고 서법을 연마하기 위한 참고서로 활용되었으며, 조선 후기 금석고증학의 유행과 맞물려 점차 수장품의 주요 품목으로 자리 잡았다. 뒤에서 설명하겠지만 유만주 역시 이러한 분위기 속에서 중국과 조선의 비문 탁본을 상당수 소장했던 것으로 나타난다.

조선시대 문인들 의식 속에는 오늘날 미술품으로 분류되는 도자기, 조각품, 공예품 등에 비해, 그림과 글씨가 전통적으로 월등히 높은 위상을 차지하고 있었다. 이에 비해 장식품이나 공예류 등은 일

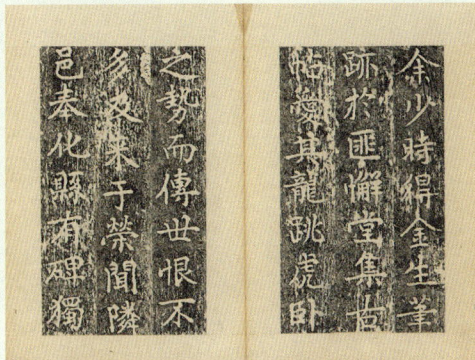

그림 2

김생, 〈신라 태자사 낭공화상 백월서운탑비〉 탁본,

종이에 먹, 29.6×19.0cm, 국립중 앙박물관 소장, e뮤지엄에서 전재

상용품으로 여겨졌으며, 특별한 경우를 제외하고는 심미적인 감상의 대상으로 간주하지 않았다. 이는 서책과 서화를 중심으로 컬렉션을 구성했던 조선의 특성을 잘 보여준다. 서양이나 중국에서 기이한 물건과 공예품까지 포괄적으로 수집 대상으로 삼은 데 비해, 조선의 수장가들은 유교적 금욕주의와 학문 정신에 기반해 서책과 서화를 중심으로 수집한 것이다. 이는 고려시대 왕실과 귀족층이 청자를 애완하거나, 다구茶具 등 다양한 기호품을 소비했던 것과도 분명한 차이를 보인다.

이렇듯 유교적 이념이 완물을 배척하는 동기로 작용한 조선 사회에서는, 수집 행위의 본질은 단순한 물품의 수량이나 종류에 우선을 둔 것이 아니라, 일정한 목표와 방향, 주제의식, 학술·심미적

그림 3
이한철·유숙 합작, 〈이하응 초상〉,
와룡관학창의본, 1869년, 비단에 채색, 133.7×67.7cm, 서울역사박물관 소장

가치가 투영된 '선별적 수집'에 있었다고 보아야 할 것이다.

그렇다면 조선시대 수장가들은 오직 서책과 서화만을 모았을까? 대체로는 그러하였으나, 18~19세기에 접어들면서 일각에서는 골동품에 대한 호기심과 중국 고증학의 영향으로 문방구나 골동품의 수집이 점차 확대되는 경향도 나타났다. 옛 동전, 청동기, 벼루, 붓, 연적, 필통 등 문방류는 물론, 삼국시대 와당이나 고려시대 도자기와 같은 출토 유물도 진귀한 대상으로 인식해 수장하였다.

조선 선비들의 이러한 골동 서화에 대한 관심은 초상화 제작에도 영향을 미쳤다. 즉 주인공의 모습 외에 책상과 서책, 문방구 등 소소한 골동품이 함께 그려졌고 이를 통해 주인공의 취향과 생활상을 함께 드러내는 새로운 양상을 띠게 되었다. 일부 초상에서는 청동기나 서양 문물이 등장하기도 했는데, 〈이하응 초상〉을 통해 이러한 경향을 엿볼 수 있다(그림 3). 이하응은 자신의 사저이자 고종의 궁가이기도 했던 운현궁에 많은 서적과 골동 서화 등을 모아놓고 즐겼으며, 그림 속 자명종과 안경, 서첩, 인장, 벼루, 붓, 염주, 타구唾具[침 뱉는 그릇], 그리고 주변에 그려진 중국제 청동기 등은 주인공의 아취 있는 생활과 더불어 전통과 새로운 문물이 혼재되었던 19세기 시대상을 복합적으로 대변해 주고 있다.[10]

이와 유사한 경향은 유만주의 수장 활동에서도 확인된다. 그의 감상 대상은 대부분 가문에서 전래된 가장물家藏物이었던 것으로 보이나, 일부는 타인으로부터 빌리거나 중개인을 통해 구입한 경우도 있었다. 『흠영』의 기록에 따르면 유만주는 조선과 중국에서 출간된 역대 문집과 백과사전식 총서류 등 상당량의 장서를 비축했던 것으로 보인다. 서화에 있어서는 조선 임금의 글씨, 역대 명인의 서화, 금석문, 지도 등에 각별한 관심을 보였고, 실제 수장한 품목도 이와 유사한 범주였다. 특히 국내외의 다양한 지도를 수집하였는데, 이는 그의 천문·지리학에 대한 관심과도 관련이 있어 보인다. 그는 실용적인 지도뿐 아니라, 전통 방식으로 그린 중국과 조선의 지도, 서양식 세계지도나 서양의 지리관을 담은 지도까지 감상하였으며, 이는 정조 연간에 외래 문물이 유입되던 시기 서울 양반층이 서양 세계관을 접했던 방식을 보여주는 흥미로운 사례다. 다만, 그가 청동기나 각종 문방류 등 골동품에 대해 명물학名物學 차원에서 관심을 보이긴 했으나, 실제로 어느 정도 소장했는지에 대해서는 명쾌하게 파악하기 힘들다.

유만주의 사례에서 보듯, 18세기까지 조선에서는 서책이나 서화 이외에 잡다한 골동품에 대한 수집이 아직 사회적으로 적극 받아들여지지는 않았던 듯하다. 그러나 19세기에 들어서면 문인 이유원 李裕元(1814~1888)이 기록한 바와 같이, 당시 사람들이 무덤을 파헤

쳐 옥대와 반상기를 발굴하고 이를 높은 가격에 거래하거나 소장하는 세태를 개탄했을 정도로 물질에 대한 거부감이 많이 사라진 상태였다. 그는 자신의 문집에서 사람들이 옛 무덤에서 발굴한 옛 동전과 청동거울을 고가에 구입해 세간의 화제가 된 일화를 소개하였고, 친구 신위申緯(1769~1847)가 백제 와당과 중국산 벼루를 수집했으며, 심상규가 개성에서 출토된 고려자기를 구입해 소장하다가 나중에 신위에게 빌려주고 한동안 돌려받지 못한 일화도 기록하였다.[11] 이처럼 조선 말기에 이르면 서책과 서화를 넘어 오늘날 인식되고 있는 골동품과 유사한 범주에 속한 잡다한 물건에 대한 관심이 점차 높아지며, 조선의 수장 문화는 새로운 전환점을 맞이하게 되었다.

수집 경로: 인적 교류와 시장의 이용

조선시대 수장가들이 서화나 골동품을 축적한 방법을 보면, 보통 선조들에게 물려받은 경우가 가장 많았고, 이어서 지인들로부터 자연스럽게 선물이나 기증을 받은 경우, 연행가는 사신에게 부탁해 별도로 구한 경우, 그리고 중개인이나 시장을 통해 구매한 경우 등으로 파악된다. 특히 서화 중개업은 19세기에 들어와 더욱 흥행하게 되었으며, 한약방을 운영한 중인이자 서화가였던 전기田琦 (1825~1854)가 주변인들에게 서화를 추천하고 중개한 활동을 담은 《두당척소杜堂尺素》첩이 그 좋은 사례이다.[12]

『흠영』에 의하면 유만주 역시 다양한 경로를 통해 서화를 접했던 것으로 나타난다. 먼저 그가 지인들을 통해 지속적인 서화 및 지식 교류를 통해 새로운 분야에 대한 자료를 제공받을 수 있었다는 점을 들 수 있다. 비록 37년이라는 짧은 생애였지만, 유만주는 학자는 물론 시인, 문장가, 서화가, 중인에 이르기까지 사회적 지위가 다양했던 인물들과 교류했고, 이들을 통해 서화 작품을 자주 접할 수 있었다. 그와 교유했던 문인들은 대부분 정치적 입장이 같았던 노론계이자 명문가의 자제들이었지만 경기관찰사와 병조판서를 역임한 권상신權常愼(1759~1825)을 제외하고 고위 관직과 먼 학자들이었다. 그는 이러한 친우들과 시회를 열고 유람하며, 예술적인 교류를 이어 나갔다. 유만주 주변에는 서화 감상과 수집을 즐겨 한 인물들이 여럿 있었으며, 『흠영』에 자주 언급된 이들을 정리하면 〈표 1〉과 같다.

〈표 1〉 유만주와 주변인들의 서화 교류

이름	생졸년	관련 사항
유척기 俞拓基	1691~1769	문인관료. 『금석총목金石摠目』을 저술하여 유만주에게 금석학을 전수.
유한녕 俞漢寧	1743~1805	문인관료. 장서藏書 대여, 서양 지도를 빌려줌.
유한지 俞漢芝	1760~1834	서예가. 서첩 선물, 『흠영欽英』의 표제를 써 줌.
박지원 朴趾源	1737~1805	유만주에게 가장 많은 영향을 끼침. 《열상화보洌上畵譜》를 보여줌. 유만주가 『연암집燕巖集』의 서화 관련 기록을 발췌하여 기록.
박제가 朴齊家	1750~1805	유만주에게 연경에서 가져온 중국 그림을 보여줌.
김광국 金光國	1727~1797	의관醫官. 유만주에게 직접 수집한 서화를 모은 《석농화원石農畵苑》을 보여주었고, 세계지도를 빌려줌.
전평 全平	생졸년 미상	유만주의 친구, 두루마리 그림과 골동품을 선물함.
연 蓮	생졸년 미상	한나라 예서에 관심이 많아 관련 서예 작품을 유만주와 함께 감상.
늠 凜	생졸년 미상	서책과 이광사李匡師 서첩을 교환. 서법론書法論에 관심이 많았던 것으로 보임.

『흠영』을 통해 보면 유만주는 앞에서 살펴본 유척기, 유한녕, 유

한지 등 친인척 이외에, 박지원, 박제가, 김광국과 잦은 만남을 가졌으며, 그밖에 실명은 언급하지 않았으나, 전평全平, 연蓮, 늠凜이라고 불린 인물들과도 종종 서화 교류를 한 것으로 나타난다. 1784년 1월 11일에는 아는 화가를 초빙해 시의도詩意圖를 여러 점 제작하기도 했다.

박지원은 김정金淨(1486~1520)부터 허필許佖에 이르는 우리나라 화가들의 그림을 모은 《열상화보洌上畵譜》를 중국 연행에서 가져와 유만주에게 보여주었으며, 김광국은 자신이 백여 점 이상의 그림을 모아 첩으로 만든 《석농화원石農畵苑》을 보여주었다(『흠영』 1786년 4월 23일). 《석농화원》은 그 일부가 오늘날 전해지고 있는데, 조선 초기부터 후기에 이르는 유명, 무명의 화가들의 작품과 김광국의 화평畵評을 곁들인 대단위 서화첩으로 한국 회화사에서 위상을 높이 인정받고 있는 작품이다(그림 4). 아마도 유만주는 박지원, 김광국이 보여준 이러한 화첩들을 열람하면서 우리나라 회화에 대한 지식과 정보를 얻었을 것으로 생각된다.

전평은 유만주의 친구로서, 두루마리 그림과 골동품을 선물로 주었고, 연이라는 이름을 가진 인물은 한나라 예서에 관심이 많아 유만주와 서체에 관해 토론하기도 했다. 그리고 늠이라고 불린 인물은 장서가로서, 자신이 가지고 있던 서책과 유만주가 소장했던 이

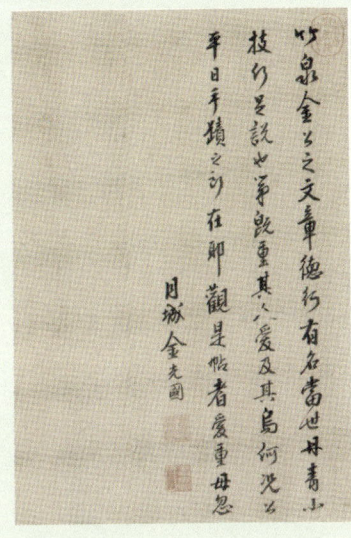

그림 4
김진규, <묵매화조도>(오른쪽)와 김광국의 발문(왼쪽),
17세기 후반~18세기 전반, 종이에 수묵, 그림 31.0×21.5cm, 글씨 31.0×21.5cm, 국립광주박물관 소장

  광사 서첩을 서로 교환하기도 했다. 이를 통해 보면, 늠이라는 인물은 서법에 관심이 많은 인물이었던 것으로 추정된다.

  이처럼 유만주에게 그림을 제공한 인물은 친인척과 친우들을 포함해 여럿이 있었으나 그중 중인 출신 의관 김광국(1727~1797)의 존재가 주목된다. 그 자신 역시 많은 서화를 수집한 수장가였던 김광국은 지도에 관심이 많았던 유만주에게 자신이 중국에서 구입한 각종 지도를 보여주었고 하루는 방문하여 먹과 연적에 대해 논의했을 정도로 유만주의 취미를 잘 헤아렸던 사람이다.[13] 이때 김광국이 보여준 지도는 지금의 몽골과 러시아 지역까지 포함한 세계지도였던 것으로 추정된다. 신분이 달랐던 그가 훗날 유만주의 부친 유한준으로부터《석농화원》의 서문을 받을 수 있었던 것도 기계유씨 집안 인물들과 오랜 친분이 뒷받침되었기 때문이라고 볼 수 있다.

이러한 인적교류와 더불어, 유만주는 시장을 통해 작품을 구하기도 했다. 그가 살았던 한양의 서부西部인 남창동 근방은 상권의 중심지와 지리적으로 가까웠다. 이 지역은 당시 많은 약재상과 생필품 상점, 서점, 골동품상점이 들어서 있었던 이현泥峴(구리개) 부근과 서화시장이 형성되었던 광통교와 가까웠기 때문에 그는 서적중개인들로부터 여항에서 유통되던 다양한 서책과 서화자료에 관한 정보를 얻을 수 있었다.

아마도 이러한 중개인을 통한 정보 입수와 시장의 이용은 유만주가 다른 사람의 소장품을 구입할 수 있는 유용한 방편이 되었을 것으로 본다. 실제로『흠영』에는 그가 중간상인을 통해 작품을 구입한 사례가 종종 기록되었으며, 이 과정에서 선조宣祖의 손자 낭선군朗善君 집안의 구장물舊藏物인 명나라 서화가 문징명文徵明의 서화축처럼 다른 문중에서 유출된 작품이 그의 수중에 들어 온 경우도 있었다(1782. 8. 15. 일기). 이때 유만주가 입수한 문징명의 서화축은

《급천시명첩汲泉試茗帖》이었던 것으로 추정된다. 이 작품은 낭선군이 1663년 연행 시에 구입한 문징명의 〈문장주서화축文長洲書畵軸〉을 가리키는 것으로 생각되며, 이것이 낭선군집에서 유출되어 후에 유만주의 수중으로 들어간 듯하다.[14] 그밖에 유만주가 타인의 구장품을 입수한 예로는 조문명趙文命 집안에서 소장하고 있었던 김시습의 소상小像이 있는 그림 족자(1775. 1. 17. 일기)와 오찬吳瓚의 구장품이었던 정선의 산수화가 있다(1782. 7. 26. 일기). 이처럼 유만주의 수장품은 선조들로부터 물려받은 가문의 전래품뿐 아니라 주변인들의 후의로 소장품을 열람하거나 중간상인을 통한 구입, 몰락 양반가에서 흘러나온 작품을 입수하면서 집적된 것이었다고 할 수 있다.

3

선비의 눈, 수장가의 손
―유만주의 안목과 비평

골동품의 가치를 알아보다

유만주가 활동하던 18세기는 서화 감상의 즐거움을 북돋아 주는 정보를 담은 명·청대 필기류의 유입과 예술품 매매가 공개적으로 이루어진 시장의 등장으로 인해, 서화나 골동품을 천기賤技로 여기던 기존의 인식에서 점차 벗어나 인간의 마음을 의탁한 사물이자 애장품愛藏品으로 인식한 변화가 이루어진 시기이다. 이러한 분위기를 반영하듯, 유만주 역시 일기를 쓰기 시작한 1775년부터 1787년 12월까지 한 해도 거르지 않고 서화를 접하였으며 작품을 보지 못한 때는 투병 생활을 하다 34세로 요절한 1788년 한 해뿐이었다. 이러한 행위 이면에는 자신의 인장에 "흠영서화대일통欽英書畵大一統"이라는 문구를 새겼을 정도로 서화에 대한 애정과 식견을 가졌던 유만주의 태도가 내재하고 있었다고 본다.[15] 그는 서화수장에 관해서도 의미를 부여하며 긍정적인 입장을 표방했으며, 한 가지 예로 선비들이 시의도詩意圖를 구해 수장한 풍조를 두고 말하기를, '시험 삼아 그림 잘 그리는 화사를 구해 초사화본楚詞畵本이나 당시화본唐詩畵本, 송사화본宋詞畵本이나 원시화본元詩畵本으로 그림을 제작하여 정자에 갈무리 해두는데, 역시 절로 아취 있는 제도이다.'라며 긍정적으로 평가한 것에서도 이러한 입장을 엿볼 수 있다.[16] 이처럼 유만주를 비롯해 당시 수장가들의 활동을 이해하기 위해서는 17세기 전후 조선 사회에서의 완물玩物에 대한 인식 변화에 대해 잠시 살펴볼 필요가 있다.

유교 사회에서 선비(군자)의 덕목 중 하나는 사물에 미혹되지 않도록 '완물상지玩物喪志'를 경계하는 것이었다.[17] 완물상지를 번역하면 '물건을 좋아해 군자로서 뜻을 잃지 말아야 한다'는 의미이다. 그러나 수집이란 물건을 애호하고 집착하는 행위로서 속성상 사물과 동떨어질 수 없는 것이므로 결국 완물상지와 대치되는 행동으로 받아들여질 수밖에 없다. 그렇다면 엄격한 완물상지 시대에 수장가들은 자신의 수집 활동에 대해 어떠한 입장이었으며 어떠한 의미를 부여했을까.

성현의 경전에 입각한 도道의 실천을 매우 중요시한 조선의 유학자들 사이에서는 서화를 천한 기예로 낮추어 보았으며, 서화에 탐닉하는 것은 군자답지 못한 부도덕한 행동으로 인식되었다. 그러나 17세기 이후에는 수장의 타당성을 변론하는 수장 담론이 증가하게 되는데, 이들이 남긴 글을 분석해 보면 조선 전기의 완물상지에서 벗어나 사물을 좋아하는 것을 개인 고유의 습성으로 인정해 서화수장에 가치를 부여하는 분위기로 변화되었음을 알 수 있다. 예를 들어 18세기 학자 정범조丁範祖(1723~1801)의 말에서 이러한 분위기를 엿볼 수 있다. 그는 세상에서 재물과 이득을 좋아하고 노래와 여색에 탐닉하여 심술心術을 미혹시키는 것과 비교해 보면 그림을 즐기는 것은 차이가 있다면서, 명화를 쌓아놓고 보배로 여기는 것이 도덕적으로 맞지 않지만, 고상한 운치에 속하는 것이라 하였다. 곧 정범조의 말은 예술품 수집을 고상하고 운치 있는 행위로 인식하고 감상을 긍정적으로 수용한 태도를 전제로 한 것임을 말해 준다.[18]

정범조와 같이 서화를 즐기는 것에 대해 긍정적으로 바라본 태도는 결과적으로 조선 후기에 수집 행위는 물론 수집 대상까지 확대되는 양상을 가져왔다. 특히 서울에 거주한 양반들을 중심으로 도시 속에서 은일隱逸을 자처하는 처세관과 결합해 은일자의 고고하고 아취 있는 생활을 북돋아 주는 방편 중 하나로 서화수장을 옹호하는 분위기가 확산되었다.

유만주 역시 평생 동안 서울이라는 도시를 떠나지 않았고 관직에도 오르지 않아 시류와 무관한 채 번화한 도시 속에서 은거를 추구한 '시은市隱'을 실천한 인물이다.[19] 유만주의 골동 서화 취미는 이렇듯 도시에서 은일을 자처하며 자신의 관심사에 매진했던 그의 삶의 방식 속에서 발현된 것이었다고 볼 수 있다. 『흠영』을 통해 보면 그는 아버지 유한준보다 골동 서화에 대한 애착을 훨씬 강하게 표출하였고, 접근하는 방식도 전문적인 수준에 이르렀음을 확인할 수 있다. 따라서 그는 유한준에서 시작된 기계 유씨 가의 예술 취미가 심화되는 데 있어 중요한 역할을 했다고 볼 수 있는데, 아래 인용문은 유만주의 예술취미가 어떠한 사상과 조건 속에서 형성된 것인지 말해 준다.

> 밝은 창가에서 책상을 정돈하고 좋은 벼루와 오래된 먹, 질 좋은 붓, 이름난 종이를 가지런히 하여 혹 문장을 쓰거나 혹 시문을 초록하였는데, 어떤 것은 오늘날의 글[今文]이고 어떤 것은 옛사람들의 글[古文]이었다. 의意를 따르고 경境을 따르니 인생의 한 즐거움이 또 여기에 있네.[20]

한적하고 고요한 와중에 각종 이름 있는 문방류를 수집하고 자신이 좋아하는 한묵에 심취한 삶이야말로 유만주가 말한 "수의수경隨意隨境"의 경지였던 것이다. 인용문에서 묘사된 바와 같이 한가롭고 여유 있는 생활이 유만주의 일상이었다고 단정할 수 없지만 번잡한 세상을 떠나 한적함을 동경한 경화 사족의 처세관과 상통한 면이 있음을 보여준다. 그가 분재盆栽에 관심이 많아 『국보菊譜』나 화초 관련 문헌을 자주 참조한 것 역시 시정 속에서 아취 있는 삶을 추구한 양반들의 취미로 인해 정원문화가 발달했던 조선 후기 도시적인 분위기를 반영한 행위였다고 할 수 있다.

이렇듯 유만주는 여유롭고 박학博學한 가풍 속에서 독서와 골동서화수장에 침잠한 생활을 하였으며, 이는 천성적으로 문방류와 악기를 비롯해 다양한 물품을 수집하기를 좋아한 성품과 맞물렸던 듯하다.

그는 흠영각欽英閣이라는 수장처를 마련해 놓고 침식을 잊은 채 하룻밤 동안 백여 점이 넘는 서화를 감상했을 정도로 서화 수집과 완상에 몰두하기도 했다.[21] 그리고 여러 문헌에서 문방에 관한 정보를 뽑아『흠영』에 수록했으며, 문방류 중 특히 먹[墨]에 대한 기벽奇癖이 있어 이를 집중적으로 수집하여 125홀 정도를 가지고 있었다고 한다.[22] 그는 단지 먹을 모은 차원에서 멈추지 않고 명대 학자 주량공朱亮工이 먹을 병적으로 수집한 일화를 소개하거나,『고씨묵보顧氏墨譜』,『문방청공文房靑供』처럼 먹에 관한 명대 저록을 참고하여『먹록墨錄』이라는 제목으로 초고를 썼을 만큼 전문가적인 식견을 갖추었던 것으로 판단된다.[23] 유만주의 문방에 대한 관심은 부친인 유한준에게는 잘 드러나지 않은 그의 독특한 성향이자, 문방을 실용적인 기능이 아닌 심미안이 담긴 골동으로 인식했던 사실을 보여준다.

문방류 외에 유만주는 서책과 지도, 서화묵적, 금석탑본에도 관심이 많아 부지런히 모았다. 그의 수집 활동은 골동 서화수장에 의미를 부여한 긍정적인 태도에서 연유한 것이다. 그는 이러한 자신의 입장에 대해 아래와 같이 단호한 어조로 말하기도 했다.

> 중국의 박식하고 고아한 선비들은 노정 중에도 반드시 서화가를 대동하고 거처할 때는 고동기를 쌓아놓고 자신의 취미와 사상을 의탁하니 어찌 하릴없다 하리오? 우리나라 사람들은 둔하기가 심해서 이를 귀하게 여기지 않을뿐더러 이런 게 있는지도 모른다.[24]

이처럼 골동 서화수장을 정당화하고 완호물玩好物에 대해 관대한 입장을 보인 유만주의 태도는 조선 지식인들의 화두였던 완물상지와 상당히 배치되는 의견이다. 따라서 그가 자신과 유사한 취미를 가졌던 우리나라와 중국의 수장가들의 전기를 조사해 『흠영』에 채록한 것도 자연스러운 행동으로 이해할 수 있다. 구체적으로는 문방과 골동품을 좋아한 임희일林希逸이라는 사람과 북송의 미불米芾과 휘종徽宗, 명대 수장가인 하량준何良俊과 서화가 심주沈周, 오관吳寬, 청대 학자 주이존朱彝尊의 일화, 그리고 조선의 이광사李匡師가 장황장粧䌙匠을 시켜 연경의 서화 가게에서 서첩을 구한 일화를 소개했다.[25] 그는 이러한 내용들을 언급하면서 개별 기사의 출처를 밝히지 않았으나, 이미 국내에 유입되어 서울을 중심으로 유통되고 있던 명청대 필기류와 인물전, 서화저록, 총서류 등을 통해 정보를 습득했을 것으로 생각된다. 그 구체적인 양상에 대해서는 다음에 이어서 살펴보도록 하겠다.

수장가에서 비평가로

국내외 서화 관계 문헌 탐독

앞에서 살펴본 바와 같이, 유만주는 골동 서화 완상을 긍정적으로 받아들인 인물이었다. 여러 서화가들이나 그들의 작품에 대해 적극적으로 의견을 개진하였고, 서화수장에 중요한 요소임에도 많은 문인들이 부수적으로 여긴 인장印章, 표배裱褙, 보관법 등에 대해서도 깊은 관심을 보였다. 그는 작품을 감식하는 안목을 기르기 위해 중국의 서화 관계 저록著錄을 적극적으로 활용하였다. 다양한 서화 관련 서적들을 참고하면서 적절한 내용을 인용하였고, 나름의 서화론을 전개하거나 역대 서화가들에 대한 간단한 작가평을 남기기도 했다. 비록 일기체로 서술되어 있어 일관되고 정제된 글이라고 보기는 어렵지만, 전체적으로 그의 서화 경험과 인식을 조망할 수 있는 내용이 풍부하게 담겨 있다. 유만주가 참고한 저록의 사례나 장서 현황을 알려주는 기록의 일부를 발췌하여 소개하면 다음과 같다.

ㅇ 1775년

5월 10일: 문방과 골동품을 좋아한 임희일林希逸의 일화를 소개.

○ 1776년

6월 18일: 천자문의 전래, 중국 서예가 이양빙李陽氷의 글씨를 높이 평가.

○ 1777년

1월 15일: 박지원의 「필세설筆洗說」 인용.

4월 초 9일: 명대 수장가 하량준何良俊에 대해 언급.

4월 25일: 보연재保硯齋의 기문記文을 인용, 완호물玩好物에 대한 긍정적 견해 피력.

5월 초 2일: 서화제발에 대한 견해.

6월 26일: 우리나라 서법書法 개관.

안평대군의 글씨를 최고로 평가.

○ 1778년

1월 26일: 말 그림에 대한 고사 언급.

6월 초 2일: 인종仁宗이 〈서호도西湖圖〉를 감상한 일화를 소개.

○ 1779년

1월 1일: 이양빙의 서법, 역산비嶧山碑·예기비禮器碑, 채옹蔡邕의 글씨, 조전비曹全碑 등 중국 서예가와 고전적인 서예 작품에 대해 논함.

5월 19일: 명대 서예가 장욱張旭의 초서에 관해 논함.

5월 21일: 중국 역대 화가와 그들의 그림 제목을 나열. 명대 서화가 동기창董其昌의 화론 언급.

5월 29일: 당나라 승려 지영智永의 서법을 논함.

6월 23일: 중국 역대 서법을 논함.

6월 30일: 중국 역대 화가들에 관해 논함.

7월 21일: 고문古文에 관해 논함.

10월 16일: 중국 여러 서예가들의 서법을 논함.

11월 16일: 중국 서화가에 대한 작가평 수록.

12월 14일: 이광사李匡師에 얽힌 고사를 소개.

○ 1780년

8월 29일: 가장家藏 서책 3백여 권을 살펴봄.

8월 30일: 『금석연감金石淵鑑』을 고정考定함.

12월 20일: 심주·오관·당인·축윤명·문징명 등 명나라 서화가에 대한 소전小傳을 발췌.

○ 1781년

1월 초 4일: 고개지와 왕희지에 대한 인물전 기록.

1월 초 9일: 명대 초서의 대가 장필張弼에 대한 소견.

7월 20일: 우리나라 역대 고승들의 비문에 대해 논함.

8월 초 1일: 우리나라의 전서, 예서가들을 논함.

12월 29일: 『선화화보宣和畵譜』에 대해 논함.

○ 1782년

4월 초 6일: 왕세정의 화평畵評 인용.

8월 23일: 이광사가 연경에서 서첩을 구한 일화를 소개.

12월 초 2일: 문방에 대한 내용 인용.

○ 1783년

7월 23일: 명나라 학자 주이존朱彝尊의 장서藏書를 언급.

○ 1783년

11월 30일: 이광사의 서론書論인 『필결筆訣』의 내용을 인용함.

○ 1784년

3월 19일: 주량공朱亮工이 먹을 좋아해 수집한 일화를 언급.

7월 14일: 청나라 황실에서 편찬한 서화 이론서인 『패문재서화보佩文齋書畵譜』를 열람.

5월 14일: 서객書客이 『사고전서四庫全書』를 가져감.

5월 17일: 『패문재서화보』를 다시 열람함.

11월 초 1일: 먹에 관한 중국문헌인 『고씨묵보顧氏墨譜』와 『문방청공文房靑供』을 열람.

이를 통해 보면, 유만주가 서화에 관한 정보를 얻기 위해 참조한 자료는 『패문재서화보佩文齋書畫譜』처럼 총서류를 비롯하여 『엄주산인고弇州散人藁』, 『우군서보右軍書譜』, 『동파잡기東坡雜記』, 『손과정서보孫過庭書譜』, 『선화서보宣和書譜』, 『선화화보宣和畫譜』, 『고오화적顧吳畫蹟』(고개지顧愷之와 오도자吳道子의 그림), 『박고도론博古圖論』, 『해악명언海嶽名言』(미불), 『식고당서화휘고式古堂書畫彙考』(변영예), 『고금서법원古今法書苑』, 『화결畫訣』(황공망) 등이다. 1784년 5월 14일자 일기에서 서객書客이 『사고전서四庫全書』를 빌려 갔다고 기록되었는데, 국내로 전질이 입수되지 못했다는 점을 감안하면, 이는 아마도 당시 조선문사들이 주로 열람했던 『사고전서총목제요四庫全書叢目提要』이거나 채록본採錄本이었을 것으로 추정된다.

유만주는 중국서 중에서도 북송대 미불의 『화사』와 『서사』, 그리고 명대 주량공周亮工(1612~1672)의 『역원서영櫟園書影』을 자주 참조한 것으로 보인다. 그는 미불의 서화수장 또는 특이한 취미나 행적, 서화평에 대해 관심이 많았던 듯하며, 오吳나라 조불홍曹不興의 〈원녀수황제병부도元女授黃帝兵符圖〉를 비롯한 중국 역대 화가와 그들의 작품을 『역원서영』에서 발췌하여 열거하였다.[26] 특히 후자를 통해 유만주는 자신이 실견하지 못한 중국 그림에 관한 정보를 얻었을 것으로 생각된다.

이러한 저록의 열람은 그의 서화 경험과 밀접한 관련이 있다.

『서위론서화徐渭論書畵』,『양신묵지쇄록楊愼墨池瑣錄』,『장동해소전張東海小傳』 등에서 알 수 있는 바와 같이 유만주는 자신이 관심 있거나 감상한 것, 또는 수집한 서화 작품에 대한 정보를 얻기 위해 특정한 저록을 참고한 경우가 많았고, 특히 일상의 소소한 취미를 기록한 명대 소품류에 대한 관심이 컸던 것으로 보인다.

그가 참조한 저록은 서화 지식을 얻기 위한 차원뿐 아니라 서화 감상이나 수장활동을 위한 중요한 자원이 되었다. 진晋 위부인衛夫人의 〈필진도筆陣圖〉, 당唐 손과정孫過庭의『서보書譜』와 같은 서론서와 일군의 작가들, 왕희지王羲之·장회관張懷瓘·왕승王僧·소식蘇軾·황정견黃庭堅·조맹부趙孟頫 등이 서예의 기법에 관해 논한 글을 상당 부분 채록한 점도 발견되는데, 이는 18세기 조선 지식인이 접했던 중국 서론書論의 실상을 밝혀주는 내용으로써 중요한 의의가 있다.

이상 살펴본 바와 같이, 유만주는 서화 완상에 대한 긍정적인 입장을 표방하면서 다양한 서화 관계 저록을 탐독함으로써 중국 명청대 또는 조선 후기 서화계의 최신 조류에도 민감하게 반응했다. 그의 이러한 행위는 완물상지라는 명목으로 양반의 예술취향을 제약했던 관습의 변화를 예고한 것이자 이것을 가능케 한 18세기 서울의 문화적인 개방성을 의미하는 것이기도 하다.

서화 연구 및 비평

유만주는 자신이 접한 많은 중국 서적을 참조하고 『흠영』에 명청대 서화가들의 소전小傳과 그들의 서화론을 소개하였다. 그가 발췌한 인물들은 고개지나 왕희지, 지영智永처럼 비교적 연대가 올라간 중국의 역대 인물들도 포함되었지만 주로 심주沈周, 오관吳寬, 당인唐寅, 축윤명祝允明, 문징명文徵明, 서위徐渭, 장필張弼, 왕탁王鐸, 동기창董其昌 등 비교적 시기가 가까운 명대 서화가들에게 집중되었고 항주나 소주, 양주, 송강 등 중국 강남 지역에서 활동한 작가들이 대부분이라는 특징이 있다. 그는 이들의 서화론을 통해 서법론을 깊이 연구한 흔적을 보여주었으며, 『흠영』의 전반에 걸쳐 이와 연관된 내용이 다수 실려 있어 그가 기법과 이론에 모두 관심이 많았음을 시사해 준다. 그중에서도 유만주는 명대 서화가 서위徐渭의 화론에 관심이 많았던 것으로 보인다. 서위는 뚜렷한 화론서를 남기지 않고 서화제발을 통해 자신의 서화관을 피력한 작가였다. 그는 필법의 속기俗氣를 없애기 위해 독서를 많이 해야 한다고 주장했으며, 이는 평생 독서인의 자세를 유지했던 유만주의 태도와 상통한 측면이 있다.

유만주가 복고주의에서 벗어나 혁신 정신이 강했던 서위를 비롯해 자신의 개성을 중요시한 이러한 명말청초인에게 관심을 가진 것은 고인의 예술론보다 금인今人의 예술론을 더 높이 평가한 입장과 관련이 있다고 볼 수 있으며, 성정性情을 중요시한 공안파公安派 서적을 탐독한 결과라고 해석할 수도 있다. 그는 "지금[今]이라는 것은 반드시 예스럽지[古] 않은 것이 아니며, 이른바 '속俗되다'는 것이 반드시 우아[雅]하지 않은 것이 아니다."라며 당대의 문화가 가진 가치를 긍정적으로 평가하였다.[27] 또한 이와 유사한 관점을 자신의 문학론에도 투영시켜 고문古文보다는 금문今文을 더 중시한 입장을 표방하기도 했다.[28] 그는 "지금[今]"을 중시한 자신의 신념을 문장과 서법에 비유하기도 했다. 즉 고인이 추구한 소박하고 전형에 맞는 예술이 과거의 예술관을 대표한 것이었다면 전겸익의 문장과 왕탁의 글씨에서 보이는 완미하고 유려한 양식 또한 그 당시의 미감美感이었음을 설명하였다. 여기서 그가 말한 금今과 고古는 서로 대치되는 성격이 아니라 시대의 요구에 따라 변화되는 속성을 의미한다. 유만주가 전겸익과 왕탁뿐 아니라 앞에서 언급한 명청시대 서화가와 그들의 예술관에 관심을 가진 것은 이렇듯 '현재'를 더 중요시한 관점 때문이었던 것으로 생각된다.

왕탁(1592~1652)은 명말청초의 문인으로, 왕희지와 미불의 서풍을 익혔지만 자유분방한 필치의 초서풍을 이룬 것으로 유명한 인물이다. 유만주는 왕탁처럼 격식에 얽매이지 않고 초서를 쓴 서예가들인 장욱張旭이나 장필張弼을 높이 평가했다.[29] 그가 중국 서예가들을 평가할 할 때에는 왕세정의 서평을 간간이 인용한 것을 볼 수 있는데, 아마도 왕세정이 편찬한 『엄주산인고弇州散人藁』와 『고금서법완古今法書苑』을 애독했던 유만주로서는 그의 서화관에 영향을 받지 않을 수 없었을 것이다.

유만주는 전반적으로 중국 서예에 관심을 많이 보였지만 우리나라의 역대 명필가에 대한 단상도 남겼다. 특히 안평대군安平大君 이용李瑢과 이광사李匡師에 관한 기사를 종종 접할 수 있다. 그는 안평대군을 두고 동방서법東方書法 중 제일이라고 하면서 글씨 품격이 절로 높고 진晉의 규범에 맞아 우리나라의 본색을 크게 들어 중국에 놓았다고 하였다.[30] 아마도 외래 서풍을 수용하여 훨씬 뛰어난 기량을 구사한 안평대군의 주체적인 면모를 크게 평가한 것으로 생각된다. 그리고 이광사에 대해서는 문장과 시가 모두 뛰어나다고 평가하였고 그의 『필결筆訣』을 베껴 쓰면서 이광사의 서예이론에 지대한 관심을 표명하였다.[31]

역대 금석문·서예에 대한 연구

유만주가 중국이나 우리나라 서화가, 그들의 작품과 별개로 오랫동안 관심을 가진 대상은 금석문이었다. 앞에서 조선 후기 문사들 사이에서 옛 비문의 탁본을 수집하고 연구하는 분위기가 유행하였고, 이것이 경화 사족의 특징적인 문화현상으로 정착된 분야라고 언급했듯이, 유만주 역시 유사한 문화향유층이었던 만큼 이러한 학문 분위기를 자연스럽게 체득했을 확률이 높다. 한편으로 홍양호와 교유하며 금석학 연구에 매진했던 종숙부 유척기의 영향도 다분히 받은 그의 성향은 조선 후기 서예가들 사이에서 전예서에 대한 관심이 증가한 경향과도 어느 정도 맥락을 같이 하는 것이었다. 이 점을 유추할 수 있는 부분이 아래 인용문이다.

> 우리나라의 임지학臨池學에 있어 반드시 안평대군과 한석봉을 먼저 헤아리지만 두 분 역시 진체[왕희지체]와 촉체[송설체]만 알았을 뿐 일찍이 중국에 소위 전예자篆隸者가 있는지 알지 못했다. 대개 중고中古에 이르러서도 그러하여 허목의 전서와 곡운[김수증金壽增]의 예서를 보면 신변神變하여 고졸하고 기굴한 것으로 생각하였으니, 예전에는 없던 것이다. 근래에 이르러 중국의 전예篆隸 각본刻本이 우리나라로 많이 들어와 이것으로 글씨를 공부한 자들은 윤씨尹氏의 한예漢隸, 이씨李氏의 팔분八分, 김씨金氏의 고전古篆이라며 다투어 숭상하고 있으니, 안목이 비로소 활짝 열리고 규모 또한 점점 찬란해지고 있다.[32]

위 글은 한호韓濩가 활동한 16세기까지만 해도 조선 서단書壇에 전서나 예서가 유행하지 않았지만, 17세기 허목과 김수증을 거쳐 유만주 당대인 18세기에는 널리 인식되어, '모 씨의 무슨 서체'라는 말이 나돌았을 정도로 전예서를 전공한 서예가들이 많이 등장한 변화상을 말해 주고 있다. 이렇게 된 원인으로 그는 중국 전예서 篆隸書의 각본이 우리나라에 많이 유입되었기 때문이라고 했는데, 이는 서명응徐命膺(1716~1787)이 영조에게 아뢰기를, 윤동석尹東晳(1722~1789)이 예서에 일가를 이룰 수 있었던 것은 중국에서 전래된 많은 금석첩을 학습했기 때문이라고 지적한 것과 일치한다.[33] 그만큼 조선 후기에 중국 금석첩이 풍부하게 유입된 상황을 증명한 것이라고 할 수 있으며, 유만주의 금석문에 대한 관심 역시 이러한 시대 상황과 연관성을 가지고 발현된 것이라고 할 수 있다.

조선 후기 학자들이 그러했듯이, 유만주도 청동기의 명문보다는 명필들의 글씨를 두루 담고 있는 옛 비문에 더 많은 관심을 보였고 이러한 취향은 거의 평생을 두고 지속되었다. 그는 주로 집안에 소장된 각종 탑본을 통해 서체 변천에 대해 연구하거나 대표적인 비문의 내용을 필사하며 금석문에 관한 이해를 넓혔다. 그가 접하거나 연구한 금석은 우리나라 역대 고승들의 비문과 명필들이 쓴 비문, 그리고 조선 학자들 사이에서 두루 알려진 중국 비문이 그 대상

그림 5
〈공묘예기비孔廟禮器碑〉 탁본, 중국, 종이에 먹, 첩, 26.5×10.8cm
국립제주박물관 소장

이 되었고, 전반적으로 중국 비에 대한 기록이 더 많다. 그가 본 중국 금석문으로는 〈석고문石鼓文〉, 〈조전비曹全碑〉, 〈사신비史晨碑〉, 〈예기비禮器碑〉, 〈구루비岣嶁碑〉, 〈역산비嶧山碑〉 등 고전적인 서풍의 기원이 된 역대 비문 탁본이 상당수를 차지하고 있었다(그림 5). 우리나라 것으로는 〈신라진감선사비新羅眞鑑禪師碑〉, 〈신행선사비神行禪師碑〉, 〈신라국낭공대사탑비新羅國朗空大師塔碑〉, 〈진철대사비眞澈大師碑〉 등이 있으며 비의 소재, 찬자와 서자, 건립 연대, 자수字數, 내용 등을 상세히 수록하였다.

그는 비문 고찰을 위해 구양수歐陽脩의 『집고록集古錄』, 이청조李淸照의 『금석록金石錄』, 조명성趙明誠의 『금석록金石錄』, 범명태范明泰(明)의 『미양양지림米襄陽志林』[34], 도목都穆(明)의 『금해임랑金薤琳琅』, 그리고 『금석잡기金石雜記』, 『한예정漢隸訂』 등 금석관계 저록을 참조하였고 서명을 밝히지 않은 많은 서적에서 역대 비문에 관한 전거와 전서, 예서[分隸]에 대한 서예가들의 견해를 채록하였다.[35] 따라서 어느 특정한 내용에 대해서는 채록한 것인지 유만주의 의견인지 구분이 애매한 경우도 있으나, 분명한 점은 그가 한예비漢隸碑에 상당한 관심을 가지고 있었다는 사실이다. 그는 황백사黃伯思(宋)의 『동관여론東觀餘論』같이 서예 작품의 진위를 언급한 저록을 통해 한나라 예서에 관한 이해를 도모하면서도 세간에 유통되던 한비漢碑의 방각본傍刻本을 구해보며 이론과 실제를 병행하고자 하였다.[36] 유만주는 자신의 개인적인 노력과 종숙부 유척기의 『금석총목金石摠目』에 감화를 받아 1781년 자신의 금석 관련 저작인 『금석연감金石淵鑑』의 범례를 정하기에 이른다.[37] 이 책의 전체적인 분량에 관해서는 언급이 없지만 '석石'으로는 비碑·표表·지誌·갈碣을 모았고 '금金'으로는 종명鍾銘을 모아 내용을 기록한 금석록金石錄이었다고 할 수 있으며, 1780년 8월에 『금석연감』을 교정했다는 기사로 보아 이전부터 계획했던 저록이었음을 알 수 있다.

그럼에도 『흠영』에 기재된 금석문 기사는 앞 시기 수장가들이 많은 관심을 가졌던 고증학적이고 분석적인 성향보다는 서체에 대한 관심이나 서예 창작의 자료로서 접근한 측면이 훨씬 강하다. 이는 아마도 직접 비문을 탁본한 경험을 거치지 않고 세간에 유통되던 탑본을 통해 비문을 접하거나 2차 자료를 통한 간접 경험을 했기 때문이었을 것으로 추정된다. 물론 그가 다양한 저록을 통해 동시대인들이 쉽게 접하지 못한 금석에 대한 중국의 다양한 담론談論을 이해할 수 있었을 것으로 생각되지만, 한편으로는 19세기 수장가들이 추구한 명물고증학적인 태도나 훈고학적인 접근과는 달리 완상 자료로서 더 큰 의미를 부여하게 된 원인이 되지 않았을까 생각된다. 금석문을 학문의 대상보다는 완상물로서 접근한 유만주의 태도는 남공철南公轍(1760~1840)에게 있어 더욱 확대된 양상을 보였다는 점이 주목된다.

부친인 남유용 대부터 기계유씨와 친분이 있었던 덕에 유씨가 인물들과 접촉이 있었던 남공철은 비록 유만주와 연배에 있어 많은 차이가 있었으나, 금석 수집과 그 평가에 있어서는 매우 유사한 경향을 보였다. 남공철 역시 우리나라 비문보다는 중국 옛 비문 탑본 수집에 훨씬 관심이 많았고, 그가 각 건마다 발문을 쓴 것을 보면 여러 중국 저록에서 인용한 내용이 상당 부분을 차지하고 있다. 조금 앞선 시기에 활동한 윤동석이나 홍양호가 금석을 창작을 위한 자료이자 서체의 기원을 규명하기 위한 실증적인 접근을 했다면, 유만주와 남공철에게 있어 금석이란 이러한 실제적인 측면보다는 호고적인 취향과 결합된 애완愛玩의 대상으로서 더 의미 있게 다가왔다고 할 수 있다. 이러한 양상은 18세기 후반 경화 사족의 금석

취향이 반영된 것이자, 19세기 청대 고증학이 유입되면서 다시 철저한 실증적인 태도로 전환되기 전에 나타난 과도기적인 현상으로 이해할 수 있을 것이다.

이상으로 유만주를 중심으로 조선시대 수장문화와 수장가에 대한 당대인들의 인식, 범주, 향유 양상과 구입경로 등에 대해 살펴보았다. 조선시대 문인이라면 필수적으로 요구되었던 문학적 능력과 달리, 서화 애호는 예술을 천기 또는 완물상지로 여기며 사대부의 미덕에 어울리지 않는 행위로 인식한 전통이 있었기에, 수장이란 사회적 편견을 극복하고 개인적 의지를 관철시켜야 지속할 수 있었던 일면 고민스러운 행위였다. 이는 우리가 막연하게 생각해 왔던 조선시대 서화수장의 행위가 치열한 고민의 흔적이었음을 반증하는 것이기도 하다. 여기에서는 이러한 조선시대 수장과 수장가에 대해 그동안 단편적으로 논의되었던 수장의 개념과 수집 행위로부터 파생된 여러 양상을 종합적으로 정리하고 그 의미를 탐색하는 데 중점을 두었다.

아울러 사례로 들은 유만주를 통해 서화 수집에 의의를 부여하며 완상과 수집에 몰두했던 그의 일상은 선조들로부터 비롯된 경제적 안정과 도시적으로 변화한 서울의 상권商圈을 토대로 활발해진 서적·서화 유통에 따른 독서 문화의 발달을 반영한 것임을 확인할 수 있었다. 이는 그가 평생 벼슬을 하지 않고 재야에 묻혀 살았음에도 불구하고 서양 지도와 명청대 서화론서를 접했을 만큼 중국을 통한 최신 문화 동향을 인지할 수 있었던 기반이자, 조선 후기에 전문으로 서책과 서화를 모은 수장가들이 등장하게 된 중요한 배경이 되었다. 이러한 의미에서 다음 장에서는 유만주가 모았던 서책과 서화 작품은 무엇이었는지, 그의 서화 감상과 수집 활동에 대해 구체적으로 알아보도록 하겠다.

서화 감상과 수집

묵연墨緣으로 엮은 일상

유만주는 중국 서화 관계 저록을 통해 역대 서화에 관한 지식을 체계적으로 습득함으로써 작품의 가치를 제대로 볼 수 있는 안목을 기르고, 실제 감상 활동에 있어 적극적으로 적용하고자 노력했다. 그가 평소 작품 감상에 노력을 기울인 정황은 『흠영』에 자세히 기록되어 있다. 이를 통해 그에게 있어 서화 감상은 특별한 계기가 아닌 일상이었음을 알 수 있다. 우선 유만주의 서화 감상 내역을 한눈에 확인할 수 있도록 관련 내용을 시간순으로 정리하면 제시된 〈표 2〉와 같다.

〈표 2〉 『흠영』에 기록된 유만주의 서화 감상과 수집

연도	날짜	내용
1775 (乙未)	1월 초 7일	〈천하여지도天下輿地圖〉를 내와 감상함. 중국인의 항해길이라고 생각함.
	1월 17일	그림 족자 1축을 감상함. 김시습의 초상화와 김시습이 유양양柳襄陽에게 팔분서로 써준 발문이 있음. 이 족자는 조문명趙文命 집안에서 전래된 것이라 함.
	2월 초 6일	우공禹貢(尙書)의 〈구주전부정착승강도九州田賦正錯升降圖〉를 그림으로 그림.
	3월 초 1일	〈천상명지팔진도天象明知八陳圖〉를 봄.
	3월 초 4일	『정춘루인수靜春樓印藪』 55방方을 봄. 강씨(미상)의 전각篆刻이라고 함.
	3월 13일	조윤형曹允亨이 쓴 〈광귤시병廣橘詩屛〉을 감상.

연도	날짜	내용
1775 (乙未)	4월 11일	계사년(1773) 여름, 예서로 된 옛 시를 읽고 석각본을 정리한 것을 회상함. 〈항해조천도航海朝天圖〉를 감상하고 제를 씀.
1775 (乙未)	4월 16일	〈동악묘비東岳廟碑〉 석본石本을 보고 집안으로 들여놓음.
	7월 17일	〈집고매화시集古梅花詩〉를 봄. 왕희지의 글씨를 임서臨書한 청나라 나경羅景의 글씨라고 함.
	7월 22일	화첩을 열람.
	7월 19일	〈오계석갈浯溪石碣〉을 봄. *'오계'는 호남성 지양현
	윤 10월 27일	〈화양비華陽碑〉의 서체를 논함.
	11월 14일	어화御畵〈해선도海仙圖〉를 봄.
1776 (丙申)	1월 28일	명대 화가 문징명文徵明이 제한 〈연산객사도燕山客舍圖〉의 글을 인용.
	5월 24일	초연蕉蓮의 그림족자를 봄.
	5월 27일	영조의 어필을 감상. 판자板子는 대내大內에 있는데 장차 규장각에 봉안할 것이라 함. 교정청에서 새로 인출한 인쇄본이라고 언급.
	7월 초 2일	〈국장의위도國葬儀衛圖〉를 봄.
	7월 초 7일	《임오사마방회도壬午司馬榜會帖》을 봄. 김상용金尙容 전篆·장유張維 서序·이홍주李弘胄 서書·이징李澂[澄] 화畵인 《임술갑계첩壬戌甲契帖》과 1630년 정경세鄭經世의 서문이 있는 《삼척전별첩三陟餞別帖》을 함께 언급함.
	8월 초 4일	이징李澄의 《팔경도첩八景圖帖》, 김명국金明國의 《사시도첩四時圖帖》 등의 화첩과 인물, 영모화를 감상함.
	8월 11일	영조의 어제와 어필대자 1첩을 열람.
	8월 27일	〈백사이문충공화상白沙李文忠公畵像〉을 배관拜觀함. *백사 이항복李恒福의 초상.
	9월 27일	사도세자의 〈사롱금沙籠金〉 편액 대자예필大字睿筆을 봄.
1777 (丁酉)	2월 초 2일	장생張生[張縊]이 그린 여러 초상화를 봄.
	3월 초 3일	장생[張縊]이 와서 가대인(유한준兪漢雋 추정)의 초상을 그림.
	5월 12일	안진경顏眞卿이 쓴 〈송광평묘宋廣平墓〉의 탑본을 봄. *당나라 송경宋璟의 비문.

연도	날짜	내용
1777 (丁酉)	7월 12일	왕탁王鐸의 〈동악묘기東嶽廟記〉를 봄.
	8월 초 10일	『곡원인보谷園印譜』를 봄.
	9월 15일	이숭李嵩의 〈관조도觀潮圖〉 제발, 일본인이 그린 〈서호도西湖圖〉, 송宋 이종리종理宗의 〈남루풍월도南樓風月圖〉, 마화지馬和之의 〈모시도毛詩圖〉, 황공망黃公望의 『화결畵訣』, 우백생虞伯生의 서평書評 등 중국 서화 관련 기록을 훑어 봄.
	9월 17일	예방禮房 소장본 〈현지도縣地圖〉를 봄.
1778 (戊戌)	11월 17일	이광사李匡師 글씨를 감상.
	12월 27일	박제가朴齊家가 연경에서 만난 반정균潘庭筠으로부터 얻은 축덕린祝德獜의 소상小像과 심종건沈宗騫의 〈소호석도小湖石圖〉, 〈매화도〉를 보여줌.
1779 (己亥)	4월 18일	〈도원桃源〉·〈불조佛祖〉 두 그림과 태사太史 곽신郭晨이 쓴 두 비문의 묵본墨本, 저수량褚遂良이 쓴 〈저해성교서褚楷聖敎序〉 감상.
	5월 초 1일	〈조전비曹全碑〉 감상.
	5월 11일	〈곤여도坤輿圖〉 2갑을 봄.
	5월 12일	회소懷素의 〈자서첩自敍帖〉 감상.
	5월 19일	당나라 장욱張旭이 초서로 쓴 문집발文集跋을 봄.
	8월 11일	서양국西洋國 화도畵圖를 봄.
	11월 초 8일	『개자원화전芥子園畵傳』 열람.
	11월 18일	화책畵冊을 봄. *벽오동碧梧桐이 있고 정원에 큰 나무가 서 있는 그림.
	11월 30일	명나라 사람이 그린 화책을 봄.
1780 (庚子)	3월 초 3일	〈어제송문정공비문탑본御製宋文正公碑文搨本〉을 배관. *송시열의 비문.
	6월 초 3일	〈유제비초탑본諭祭碑初搨本〉을 봄. 명청묵적明淸墨蹟 34폭을 감상함. *그중 임본유林本裕의 필적이 있었다고 함.
	6월 14일	왕세정王世貞이 편찬한 《고금법서원古今法書苑》(76권 40책)을 열람함.

연도	날짜	내용
1780 (庚子)	6월 20일	명明 범명태范明泰가 편찬한 『미양양지림米襄陽志林』(3책)을 열람함. *상고당尙古堂 김광수金光遂가 증집增輯했고 이광사가 서문을 썼다고 함.
	6월 21일	이이안李易安(이청조李清照, 1084~약 1155)의 『금석록金石錄』 서문을 읽음.
	6월 23일	『집고록集古錄』, 『금석록金石錄』, 『금해임랑金薤琳琅』 3책을 열람함.
	6월 26일	한나라 비석 방각본坊刻本을 봄.
	7월 초 5일	왕세정의 《고금법서원》을 재열람하고 그의 서평書評을 살펴 봄.
	9월 13일	〈공자묘당지비孔子廟堂之碑〉를 봄.
	9월 23일	〈유주묘판柳州墓版〉을 봄. 질박하고 고아한데, 원래 한예비漢隸碑라고 함.
	10월 26일	미불의 〈천마부天馬賦〉를 감상함. 고금의 인장 100여 방을 봄(각본刻本).
	10월 27일	〈강산승람도江山勝覽圖〉 1축을 감상.
	12월 24일	시화첩詩畵帖(6첩)을 봄.
1781 (辛丑)	2월 14일	유척기兪拓基의 『금석총목金石摠目』을 봄. *총 32부로 되어 있고 능전陵殿에서 시작해서 사탑寺塔으로 끝난다고 함. 『금석연감金石淵鑑』을 고정考定함. 석문石文으로는 비표지갈碑表誌碣, 금문으로는 종명鐘銘을 모았다고 함.
	3월 27일	《광여고廣輿考》 3첩을 봄.
	7월 20일	석각된 신라와 고려의 여러 불비탑본佛碑搨本을 열람함.
1782 (壬寅)	3월 초 3일	조맹부趙孟頫가 쓴 취옹정발문醉翁亭跋文을 감상.
	3월 13일	이광사가 쓴 〈팔경시八景詩〉(1749년 작)를 감상.
	3월 22일	송·명의 묵적을 감상.
	4월 11일	설암雪庵 이부광李溥光이 쓴 《춘종첩春種帖》 감상.
	5월 28일	한예축漢隸軸을 내와 연蓮(유만주의 친구)에게 보냄.
	7월 22일	소식蘇軾의 〈표충관비表忠觀碑〉와 명인明人 행초行草 1첩을 봄.

연도	날짜	내용
1782 (壬寅)	7월 26일	회소懷素의 〈자서첩自敍帖〉, 조맹부의 〈적벽부赤壁賦〉 감상. 〈산림홍도山木洪濤〉와 〈팔분대축八分大軸〉을 빌려옴. 오찬吳瓚의 소장품이었던 정선鄭敾의 산수화를 감상.
	8월 17일	형산태사衡山太史(문징명)의 〈급천시명첩汲泉試茗帖〉을 봄. 문징명의 자작시가 있음. *이 첩은 낭선군가朗善君家에서 소장했던 작품이라고 함.
	9월 초 7일	왕탁王鐸의 〈초서장족草書長簇〉을 봄.
	11월 초 1일	한호韓濩의 행서를 봄 *1599년 작作.
	11월 초 4일	〈당각연창궁화병唐刻連昌宮畵屛〉을 봄.
	11월 13일	안진경이 쓴 〈뇌암서법雷菴書法〉 감상. 한호의 대자글씨를 봄. 왕탁의 대자글씨를 봄.
	11월 26일	밤에 '춘원春苑' 1폭을 봄.
	12월 초 5일	〈후한회개조아비後漢會稽曹娥碑〉을 봄. *'선화어서지보宣和御書之寶', '내부서화지인內府書畵之印', '신품자손억세전가지보神品子孫億世傳家之寶' 인장이 찍혀 있다고 함.
	12월 초 7일	어서비御書碑와 《영종어서첩英宗御書帖》을 배관.
	12월 초 18일	이광려李匡呂의 글, 강세황姜世晃의 예각본隸刻本을 감상.
1783 (癸卯)	2월 11일	〈대만도坮灣圖〉를 봄.
	6월 13일	이광사의 《좌우첩左右帖》 감상.
	10월 초 5일	강세황의 〈묵란墨蘭〉, 〈묵국墨菊〉 두 폭을 감상.
	11월 초 15일	밤에 서화 곡병曲屛을 살펴 봄. *지도地圖·승경도勝景圖·고사도故事圖·화조영모도花鳥翎毛圖·한예비漢隸碑, 조맹부와 축윤명의 글씨를 포함한 114점.
	11월 18일	선면화 7폭을 얻음.
1784 (甲辰)	1월 11일	그림 잘 그리는 화가를 구함. 초사화본楚詞畵本, 당시화본唐詩畵本, 송사화본宋詞畵本, 원시화본元詩畵本을 얻어 정자에 갈무리해 둠.
	1월 14일	전평全平으로부터 두루마리 그림 7폭과 취묵醉墨 15홀, 삼광인三廣釰 1구를 받음.

연도	날짜	내용
1784 (甲辰)	1월 25일	〈조송설홍범대자趙松雪洪範大字〉, 〈목릉어서절구穆陵御書絶句〉 8폭, 〈성묘어필칠절成廟御筆七絶〉, 〈당시唐詩〉 1폭을 교동校洞으로부터 가져와 두 개의 병풍으로 나누어 장황함.
	2월 초 2일	가마 위에서 조맹부의 시를 감상함.
	3월 초 3일	〈우공시도禹貢詩圖〉 4첩을 열람.
	3월 초 7일	손님이 〈여도輿圖〉 한 본을 빌려 감. 아마도 모사했을 것으로 의심.
	3월 16일	《혜아당첩惠我堂帖》과 강씨[강세황 추정] 묵란도를 봄.
	윤 3월 15일	조영석趙榮祏의 그림과 정선의 그림족자를 감상.
	5월 11일	고동화古董畵 1첩을 봄.
	5월 15일	허목許穆의 『고문운율古文韻律』(4권 14책)을 열람.
	6월 12일	이광사 서첩을 봄.
	6월 13일	《좌우첩》(이광사 서첩)을 봄. *총 4첩: 전·예·행·초서로 쓴 서첩. 혹자가 이광사의 글씨를 가전家傳하여 진장珍藏하고 있다고 한 말을 들음.
	6월 15일	작자미상의 〈명악연운도溟嶽煙雲圖〉를 봄.
	10월 14일	서화병풍 4점을 봄. *조맹부의 홍범편洪範篇·당송인절구唐宋人絶句·영종어화해선도英宗御畵海仙圖 등.
	12월 초 8일	《유피첩榴皮帖》 2첩을 다시 봄.
1785 (乙巳)	6월 초 6일	『고금석각古今石刻』을 봄.
	6월 초 7일	숙부[유한녕 추정] 집에서 서양 지도를 봄. *마지막 폭에 "서양인대지전도西洋人大地全圖"라고 써있었으며 모본摸本이었다고 함. 〈청성묘비淸聖墓碑〉 2본을 봄.
	6월 21일	이징李澄의 〈강호추경도江湖秋景圖〉와 〈임양박방도林陽叛放圖〉를 감상.
	10월 8일	《제가묵희諸家墨戱》 2책 열람.
1786 (丙午)	1월 19일	친구 능凌에게 서책을 빌려주고 이광사의 전서첩篆書帖을 얻음.
	1월 20일	친구 능이 서책을 돌려주러 와서 이광사의 전서첩에 평어評語를 부탁함.

연도	날짜	내용
1786 (丙午)	1월 25일	석농石農 김광국金光國이 외국지도를 가져와 보여줌.
	1월 28일	김광국에게 편지를 보내 여도輿圖(외국지도)를 구함.
	2월 초 1일	유한지兪漢芝가 『흠영欽英』의 표제를 써줌.
	2월 18일	비단에 전예서篆隸書 4폭을 씀.
	2월 23일	소세양蘇世讓의 묵적墨蹟 1점을 봄.
	4월 23일	박지원이 《열상화보洌上畫譜》를 보여줌. 김광국의 《석농화원石農畫苑》을 봄.
	5월 초 3일	이광사 필 《팔첩장서八疊障書》를 봄.
	5월 11일	『호집湖集』과 『홍집紅集』 3-40책을 봄. *『호집』은 금석탑본첩이고 『홍집』은 전기소설류라고 함.
	5월 21일	《유피첩榴皮帖》에 제지題識를 써달라고 부탁받음.
1786 (丙午)	7월 19일	유한지가 희증戱贈한 제題를 다시 열람함.
	8월 25일	〈황도黃圖〉를 열람. *장안도성도長安都省圖
	10월 19일	새로 장황한 병풍을 봄. *이화사李畫師(미상)의 〈추사만경도秋山晩景圖〉와 화마제폭畫馬諸幅.
1786 (丙午)	11월 13일	신선 그림 1폭을 봄.
	12월 17일	종요鍾繇의 유교遺敎[유교경遺敎經], 한석봉의 묵적, 유한준의 시편, 안평대군의 글씨를 열람.

〈표 2〉에서 알 수 있는 바와 같이 유만주에게 있어 서화의 감상과 구입은 거의 일상화된 생활이었을 정도로 그의 삶에 있어 큰 비중을 차지했다. 이러한 유만주의 행위는 완물상지라는 심리적인 압박에서 서서히 벗어나 서화 완상을 일상의 중요한 가치로 인식했던 18세기 사회의 변화상을 시사한다.

그렇다면 유만주는 어느 정도의 작품을 수장하고 있었을까? 그의 수장 규모를 알려주는 것으로 1783년 11월 15일 밤에 병풍으로 된 서화를 살펴보았다는 기록이 있다.[38] 이때 그가 본 서화 작품은 총 114점으로 어마어마한 양이었다. 내용을 보면, 중국, 베트남, 대만, 일본 유구[류큐琉球, 현 오키나와 근방] 등 외국 지형을 그린 지도와 〈서경탐라도西京耽羅圖〉라든지 〈동해도東海圖〉 같은 우리나라 지도가 많은 수를 차지하고 있었고, 그밖에 각종 산수도, 고사도, 화조도, 중국 서예가의 글씨 등 다양한 소재의 작품들을 감상한 것으로 보인다. 이때 그가 본 이국異國 지도는 이미 조선 후기에 국내에 다수 전래되었고 다시 제작되기도 한 것으로, 현존하는 중국이나 일본 지형을 그린 지도류를 통해 유만주가 소상하고 있던 이국 지도의 실상을 짐작할 수 있으리라 본다(그림 6).

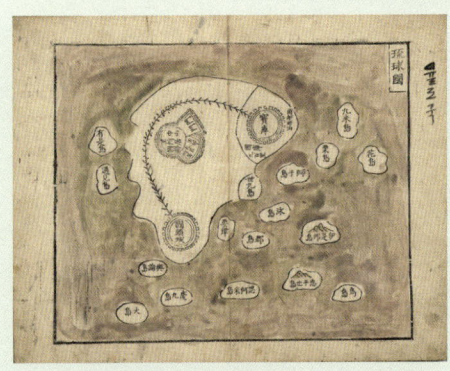

그림 6
《구주도九州圖》 수록
〈유구도琉球圖〉,
조선 후기, 목판,
국립중앙박물관 소장, e뮤지엄에서 전재

유만주는 이날 밤에 본 작품에 대해 세세한 설명을 생략한 채 작품명만 열거만 하고 형태에 대해서는 단지 병풍이라고 언급했다. 그러나 114점이라는 많은 점수로 보아 각각 독립적인 형태를 가진 작품들이었다기보다는 백납병百納屏 형태가 아니었을지 추정된다. 백납병은 병풍 틀 안에 여러 서화 작품을 붙인 형식으로, 제한된 공간 안에서 다양한 작품을 감상할 수 있다는 이점이 있어 조선 후기~20세기 전반 동안 많이 제작되었다(그림 7). 그러나 장황 형태를 떠나 유만주가 모은 114점의 서화 및 기타 작품, 금석탑본, 서책의 분량을 고려한다면 그의 수장 규모는 당시 어느 서울 양반에도 뒤지지 않은 방대한 양이었다고 할 수 있다.

유만주의 서화 감상에 있어 한가지 특기할 사항은 그의 서양화 경험을 통해 서양에 대한 인식 태도를 확인할 수 있다는 점이다. 그는 조선 후기 학자들 사이에서 서서히 파급되고 있었던 서양에 대해서도 인식하고 있었다. 1775년 1월 3일 자 일기에서 마테오리치에 대한 기록을 시작으로 그의 『기하학원본』과 『교우론』을 베껴서 적어두었으며, 1779년 11월에는 지동설을, 1781년에는 서양에 관한 장문의 내용을 기록하였다.

그는 이러한 서양서 외에 서양 그림도 접했다. 앞에서 제시된 〈표 2〉를 보면 그는 1779년 8월 11일 서양화를 감상하였고, 1785년

그림 7
정술원,《백납도百衲圖》12폭 병풍,
19세기~20세기 초, 비단에 수묵담채, 각 폭 171.5×38.8cm, 국립민속박물관 소장

그림 7-1
병풍 세부(제1폭과 제2폭)

3. 선비의 눈, 수장가의 손 −유만주의 안목과 비평   81

6월 7일에는 숙부 유한녕兪漢寧(1743~1805)으로부터 서양인이 그린 지도를, 이듬해 1월 25일에는 김광국을 통해 외국 지도를 접한 것을 알 수 있다.[39] 김광국이 보여준 지도는 그가 연행을 다녀오면서 구입한 것으로, 몽골과 러시아 변방을 포함한 세계지도였다. 유만주가 지도에 관심이 많아 세계전도나 일본 오키나와, 베트남, 대만 지형을 그린 외국 지도를 수장하고 있었고 김광국이 보여준 《석농화원》에 서양화(동판화)가 한 점 포함되어 있었다는 사실을 고려하면 그가 본 서양화 또는 서양식 지도는 여러 점이었을 것으로 생각된다. 더욱이 그가 김광국을 통해 《석농화원》을 보았다는 점에서 이 화첩에 포함되었던 서양 동판화를 실견했을 가능성이 크다고 하겠다. 비록 유만주는 천주학을 두고 '부모도 없고 군주도 없다無父無君.'라며 여전히 보수적이고 전통적인 입장을 고수했지만, 그의 서양 세계와 서양 지도에 대한 관심은 외래 문물이 서서히 유입되던 정조 연간에 그 직접적인 수혜자였을 서울 양반들이 지녔던 세계관과 시각 체계에 대한 일면을 말해주고 있다.

서화를 오래도록 지키는 법 – 수장 공간

유만주의 수장 활동과 관련해 주목할 또 다른 사항으로 그가 서책과 서화 작품 등을 잘 보존하고 간직하기 위해 별도로 수장 공간을 만들어 운영했다는 사실이다. 조선 후기에 이르면 서화 수집과 감상을 아취 있는 취미로 인식하면서 수장가들 사이에서 자신이 수집한 작품을 장소와 계절에 따라 적절하게 보존 관리하고, 주제에 맞게 감상하는 방법에 대한 관심이 서서히 증가하기 시작했다. 남공철이 중국의 역대 저록과 격언을 인용하며 서화 감상 및 보관에 관한 규범을 기록한 것이라든지, 서유구徐有榘(1764~1845)가 『산림경제지山林經濟志』의 「이운지怡雲志」에서 중국 문헌을 채록하여 관련 사항을 체계적으로 정리한 예를 통해 서화 보관과 감상법에 관한 당시 수장가들의 관심사를 엿볼 수 있다.[40] 유중림柳重臨(18세기)은 『증보산림경제增補山林經濟』에서 계절별로 그림 거는 법, 그림을 걸어야 할 장소, 피해야 할 장소 등에 관하여 언급하였는데,[41] 그 내용은 명 문진형文震亨의 『장물지長物志』에 기록된 "달별로 그림 거는 법[懸畵月令]"에서 차용한 것이다. 이러한 서화 보관 및 감상에 관한 개별 기록들은 그 출전이 중국에 기원을 두었을지라도 조선 후기에 서화수장이 활발해짐에 따라 수장가들에게 감식·보존·감상에 관한 지식도 함께 요구되었음을 의미한다.

따라서 오랫동안 심혈을 기울여 서책과 서화 작품을 수집한 수장가들에게 자신의 수장품을 온전하게 보관하는 방도는 매우 민감한 부분이었다. 소장한 서화를 첩帖이나 병풍으로 만들어 흩어짐을 방지하고자 했다든지, 병충해로부터 서화를 보호하고 유실을 대비하며 감상할 때 훼손을 방지하는 방법에 관해 탐구하는 등 작품을 온전하게 보관하려는 노력이 자연스럽게 따라왔다. 구체적으로는 서화 감상법을 비롯하여 표구법에 해당하는 표배裱褙와 장황粧䌙, 보존법에 해당하는 포쇄법曝曬法 등이 관심의 대상이었다.

이렇듯 조선 사회에서 서화 보존에 대한 관심이 증대된 배경은 많은 예술품을 소유한 인물들이 다수 활동했고 관련 정보를 풍부하게 담고 있는 중국의 서화골동 관계 문헌이 유입된 실정과 관련이 깊다. 이러한 문헌에는 '감상鑑賞', '장서화藏書畵', '간화법看畵法' 등 구체적인 항목을 설정하고 서화 감상법, 보관법, 재료와 먹과 연적의 종류, 진위 감별에 대한 요령으로까지 확장된 면모를 볼 수 있는데, 이러한 변화는 이미 17세기부터 나타나기 시작했다. 당시 조선에는 중국에 비해 전통적으로 전래된 수장품의 안전한 관리와 감상에 관한 지침이 통용되지 못한 상태였기 때문에 수장가가 중국서를 통해 서화 보관 및 감상에 관한 정보를 습득하는 것이 보편화된 경향이었다. 서화가이자 박물학자였던 윤두서尹斗緖(1668~1715)가 서화를 포쇄하고 보관하는 법에 관해 고렴高濂(16세기)의 『준생팔전遵生八牋』의 내용을 필사한 것이 그 좋은 예이다.[42] 비록 윤두서가 직접 지은 글이 아니더라도 가장家藏 서화묵적을 풍부하게 보유했던 가문의 후손이자 서화에도 조예가 있었던 이하곤, 신정하 등과 어울리며 수장을 선도했던 그의 관심사가 반영된 것으로 보인다.

수장의 제반 사항과 연관하여 자주 인용된 중국 문헌으로 장언원의 『역대명화기』, 미불의 『화사』를 비롯해 곽약허郭若虛의 『도화견문지圖畵見聞志』, 탕후湯垕의 『화감畵鑑』, 조희곡趙希鵠의 『동천청록집洞天淸祿集』, 장축張丑의 『청하서화방淸河書畵舫』, 고렴의 『준생팔전』, 문진형의 『장물지』 등을 들 수 있으며, 대부분 서화수장과 감식, 보관과 수리에 관한 전문적인 지식을 제공하기 위한 목적으로 활용된 참고서들이다. 이렇듯 중국 한거문화閑居文化의 발달로 인해 저술된 서화書畵·지견紙絹·묵墨·연硯·필筆, 장황裝潢에 관한 백과사전식 저서는 조선으로 유입되어 서화수장에 관한 인식이 확산되는데 촉매제로서 역할을 하였다.[43]

한편, 일정한 규모의 컬렉션을 이룬 수장가들은 '장서루藏書樓' 또는 '서화수장처書畵收藏處'라고 부를 수 있는 건물을 별도로 마련해 이곳에 서책과 서화, 문방공예품, 각종 진귀한 물품 등을 모아두었다. 이러한 수장처는 17세기 이후 문헌에서 본격적으로 확인되며, 이는 서화 수집의 타당성을 주장하는 글이 점차 확산되어간 시대적인 추이와도 무관하지 않다. 그중 장유의 문회당文會堂, 이하곤의 완위각宛委閣과 만권루萬卷樓, 남공철의 고동서화각古董書畵

閣, 홍길주의 표롱각縹礱閣, 심상규의 가성각嘉聲閣, 오경석의 천죽재天竹齋 등은 풍부한 골동 서화를 수장했던 곳으로 이름나 있었다. 이하곤의 만권루는 '조선의 4대 서고書庫'라고 지칭되던 유명한 장서루였으며, 심상규의 서재였던 가성각은 정교한 외관外觀과 더불어 고금의 서화, 괴석怪石, 각종 골동품을 모아놓은 것이 나라의 으뜸이라는 평가를 받았다. 19세기로 가면 순조의 장인 김조순金祖淳 (1765~1832)이 서울 삼청동에 자신의 별장인 옥호정玉壺亭을 짓고 그 안에 서실書室을 마련해 각종 서책과 서첩 등을 수장해 두었다. 옥호정의 모습은 주변 풍경을 구석구석 자세하게 그린 〈옥호정도〉를 통해 확인할 수 있으며, 조선시대 수장 시설의 위치와 구성을 유추하는 데 좋은 참고가 된다(그림 8).

유만주 역시 다른 수장가들과 마찬가지로 집 안에 '흠고당欽古堂'과 '흠영각欽英閣'이라는 별도의 수장처를 마련하여 자신이 수집한 서화를 보관하였다. 이들 전각의 모습을 그린 그림이 남아 있지 않아 형상을 알 수 없지만, 흠영각에 보관되었던 장서를 목록화했다는 기록이 있는 것으로 보아 이곳이 아마도 장서처이자 서화수장처로 이용된 장소가 아니었을까 한다.[44] '각중閣中의 법서와 고화에 글을 썼다識閣中法書古畵].'라고 한 1786년 2월 13일 자 기록을 통해서도 이러한 추정이 가능하다.

그림 8
작가 미상, 〈옥호정도玉壺亭圖〉,
19세기, 종이에 담채, 193.0×150.3cm, 국립중앙박물관 소장, e뮤지엄에서 전재.

    유만주의 수장 활동에 있어 또 한 가지 의미를 부여할 만한 것은 그가 수집하는 데에만 몰두한 것이 아니라 끊임없이 작품을 보존하기 위한 세심한 관심을 쏟았다는 사실이다. 장황장裝䌙匠에게 부탁해 오래되고 낡은 서화를 표배했다든지, 축軸을 병풍으로 개장改粧하면서 수장품을 좋은 상태로 유지하고자 노력을 기울였다. 이 과

3. 선비의 눈, 수장가의 손 −유만주의 안목과 비평   87

정에서 그는 장황장이나 표배장 같은 기술자를 집으로 초빙하거나 가인家人을 시켜 작품을 수리해 오기도 했다. 이러한 사례는 서화 보수를 전문으로 담당한 기술자들이 양반가와 연계하여 직무를 수행한 체제가 운영되었음을 말해준다.[45]

서화 보관법은 서울이나 근기 지역에서 활동한 부유한 수장가들뿐만 아니라 지방의 수장가들에게도 중요한 사안이었다. 예를 들어 호남의 대표적인 사족인 문화유씨 후손 유억柳億(1796~1852)은 조상들에게 물려받은 진장처珍藏處인 운조루雲鳥樓에 소장된 서예 작품이 흩어지는 것을 막기 위해 30여 권의 첩으로 정리하였다. 그는 집에 소장되었던 황기로黃耆老(16세기)의 작품을 정리하고 서첩 말미에 쓰기를, "만약 이것들을 먼지 낀 상자에 던져두어 벌레나 쥐, 좀이 먹어서 해지게 한다든지, 다른 사람에게 빌려주어 아이들이 먹 장난을 하였다면 어찌 내가 오늘날 수집할 뜻을 가질 수 있겠는가?"라고 하였다.[46] 이 말은 곧 서화를 안전하게 보관해야 수집한 의의도 있다는 점을 강조한 것이다.

19세기 경북 예안 지역에서 활동한 금우열琴佑烈(1824~1904)은 「서책애호설書冊愛護說」을 써서 서책과 서화의 보관과 수리에 대한 지침을 제시하기도 하였다. 그는 남에게 전적을 빌렸으면 잘 간수해야 하며 떨어졌으면 보수하여 한 자 한 획이라도 더 손상되지 않

게 해야 한다는 보존론을 강하게 주장했다.[47]

지금까지 언급한 사례들을 통해 볼 때, 조선시대 수장가들은 단지 호고적인 취미나 개인적인 수집 욕망을 충족시키기 위해 옛 글씨나 그림을 모았다고 단정할 수 없다. 오히려 그들은 옛사람의 글과 그림이 조금이라도 흩어지거나 훼손되는 것을 막기 위해 힘쓴, 나름의 보존 의식을 지닌 전문가들이었다고 평가할 수 있다.

4

남긴 것, 이어진 것

―유만주 이후, 조선 후기
사가私家 서화수장의 흐름

수장가로서 유만주가 남긴 유산

　서화 수집에 자신의 철학을 부여하며 완상과 수장에 몰두했던 유만주의 일상은, 선조로부터 비롯된 경제적 안정과 도시적으로 변화한 서울의 상권을 바탕으로 활기를 띠게 된 서적·서화 유통, 그리고 그로 인해 발달한 독서 문화가 반영된 시대적 흐름이었다. 이는 그가 평생 벼슬에 나아가지 않고 재야에 머물렀음에도 불구하고, 서양 지도와 명청대 서화론서에 이르기까지 중국을 통한 최신 문화 동향에 능동적으로 접할 수 있었던 기반이 되었다고 할 수 있다. 유만주의 『흠영』은 그가 겪었던 문화적 환경과 학술 동향, 예술 취미를 복합적으로 보여준다는 점에서 개인의 일기 이상의 의미를 담고 있다.

　그는 우리나라 서예 중에서는 한호, 강세황, 이광사, 조윤형, 유한지의 글씨를, 회화에서는 이징, 정선, 조영석의 작품을 주로 감상하였다. 중국 화가로는 심주, 당인, 문징명, 서위, 동기창, 석도 등 명청대 화가들과 관련 문헌에 깊은 관심을 가졌으며, 특히 명대 서예가 축윤명과 왕탁에 대한 애호가 두드러졌다. 이는 18세기 후반 이들의 생애와 작품에 대한 수용과 이해가 조선 지식인 사회에서 점차 확산되었음을 말해준다.

　그밖에 유만주는 서위, 동기창, 황공망, 주량공, 왕세정 등이 쓴 화론과, 회소, 손과정의 서론, 그리고 각종 법첩에 담긴 서체 변화에 관한 이론들을 발췌하고 인용하였다. 그가 인용한 이러한 중국의 서화론은 조선 후기 문사들이 어떠한 방식으로 중국 서화론서를 접하고 이해했는지를 보여주는 자료이자, 조선 문인화론의 형성 과정에 영향을 준 요소로 파악된다. 실제로 유만주 역시 역대 명서화가들에 대한 평가를 시도했으며, 「서법설」, 「예서설」 등의 글을 통해 작가론과 서체의 발생 및 변천에 대한 입장을 밝힌 바 있다.

예나 지금이나 가능한 한 시대가 오래된 고대의 작품을 선호하는 것이 수장가의 보편적인 성향이라고는 하나, 유만주는 비교적 자신과 가까운 근세 인물들의 작품에 주목했다. 이러한 경향은 그가 '고古'보다 '금今'에 더욱 가치를 두었던 문예관과 연결되며, 이는 그만의 일관된 수장 태도를 보여주는 증거다. 이러한 동시대에 대한 관심은 이규상이 『병세재언록』을 통해 같은 시기에 활동한 인물들의 전기를 편찬하고, 김광국 역시 교유하던 유명·무명의 화가들의 그림을 수집한 사례에서 보듯, 조선 후기 지식인들이 공유했던 인식이기도 하다. 따라서 유만주의 수장 활동 역시 이러한 시대적 분위기에서 비롯된 것으로 해석할 수 있다. 그는 단순한 수집가가 아닌, 분명한 안목과 수장 기준을 지닌 의식 있는 수장가였다고 평가할 수 있다.

유만주가 조선 후기 지배층의 핵심 가문인 노론 벌열가의 후예였다는 점, 그리고 그가 교류했던 기계유씨 가문과 반남박씨, 경주김씨, 의령남씨 등도 당대 학예계를 이끌던 가문이었다는 점은, 그의 서화수장이 서울 거주 양반 가문이 지녔던 지적 취미와 예술적 취향과 연관이 깊다는 사실을 잘 보여준다. 이러한 의미에서 『흠영』 곳곳에 기록된 북경에서 유입된 중국 서적과 예술품, 금석탁본 등은 18세기 문화 교류의 생생한 흔적이자, 중국풍이 더욱 확산되던 19세기 초 양반과 중인들의 서화수장 활동을 예고했다는 점에서 의의가 있다.

유만주 이후 활동한 수장가들

유만주가 활동했던 18세기를 지나 19세기로 접어들면, 예술사에 있어 지역에 따른 차별성이 두드러지면서 지역화 현상이 본격적으로 나타나기 시작했다. 이러한 경향은 개인보다는 가문에 의해 더 크게 좌우되었다. 서울의 안동김씨·달성서씨·풍산홍씨·파평윤씨·한산이씨·전주이씨·반남박씨·청송심씨·의령남씨·연안김씨·경주김씨 등 유력 가문이 서화수장에 자취를 남기고 있을 무렵, 근기 지역(지금의 경기도)에서는 여주이씨驪州李氏(이익李瀷 계열), 동복오씨同福吳氏(오광운吳光運 계열), 진주유씨晉州柳氏(유경종柳慶鍾 계열), 나주정씨羅州丁氏(정재원丁載遠 계열), 경기도와 영남을 오가며 활동한 안동의 안동권씨安東權氏(충재후손가冲齋後孫家) 등이 나름의 예술 취향을 전개하고 있었다. 여기에 정치적 입장은 다르지만 상호 유대관계가 이어졌던 진주강씨晋州姜氏(강세황姜世晃 계열), 해주정씨海州鄭氏(정철조鄭喆祚 계열), 평산신씨平山申氏(신작申綽 계열)와 같은 소론·소북계 문중도 지역의 예완藝苑에 일조하였다. 이러한 문중은 안산, 수원, 광주, 이천 등지를 거점으로 삼아 다양한 예술활동을 전개해 나갔으며, 조선 후기 근기 지역 서화수장이 형성되는 데 있어서도 중요한 역할을 담당하였다. 이런 의미에서 여기에서는 조선 후기 한양을 비롯해 근기, 호남, 영남 등 각기 다른 지역에서 대대로 거주하면서 그들 나름의 예술 취향, 수장 문화를 선도한 인물들의 사례를 살펴보도록 하겠다. 이를 통해 유만주의 활동 후 조선 후기 사가私家 서화 수집의 성격과 경향을 전체적으로 조망하고자 한다.

한양 지역의 수장가: 심환지(1730~1802)

― 심환지의 북촌北村 생활과 서화취미

서화수장은 서화가의 창작에 의지하는 작품 제작과는 차원이 다른 속성을 가지고 있다. 예술에 대한 이해는 물론 최신 흐름을 공유할 수 있는 인맥과 정보력이 컬렉션의 수준을 결정짓는다고 해도 과언이 아니며, 이를 위해 수장가의 사회적 지위와 경제력이 뒷받침되어야 하지만, 거주하는 지역 역시 중요한 요인으로 작용하였다. 조선 후기 이후 정치권에서 심화된 경京·향鄕의 분기는 서울의 도시적 생활을 경화 사족이 주도한 서화수장이라는 분야에서도 특징적인 현상으로 자리 잡기 시작했다.[48]

이러한 측면에서 보면 심환지沈煥之는 수장가로서 활동할 수 있는 요건을 두루 갖추고 있었다고 하겠다. 그는 서울에서 태어나 서울에 주거지를 두고 때에 따라 가까운 근기近畿에 생활권을 두었던 전형적인 경교인京郊人으로서 삶을 살았다. 이는 그와 교유한 여러 경화 사족 출신 관료들이 정치적·개인적 부침에 따라 경저京邸와 향저鄉邸를 왕래한 생활 방식과 맥락을 같이 한다. 심환지 역시 1730년 한양 서부西部에 해당하는 남산 아래 저동苧洞에 위치한 외가에서 태어나 1762년 사마시 합격 후 의금부도사가 되었고 이후로 제용감봉사, 사옹원직장 등 여러 관직에 제수되는 동안 30년 넘게 남산 부근을 떠나지 않은 서울 토박이였다.

당시 심환지는 한양의 안동김씨(장동김씨) 인물들과 친분이 있어 이들이 운영한 '백운서루白雲書樓'라는 장서실을 종종 방문했다.[49] 이곳은 김상헌金尙憲 후손 장동김문壯洞金門이 세운 장서루로, 청류 문인들이 별서를 짓고 생활했던 인왕산 아래 백운동과 청풍계 근처에 자리 잡고 있었던 것으로 추정된다. 심환지는 백운서루에서 김이도, 김이규 등 장동김씨 인사들과 만나 서책을 열람하고 시문을 짓는 등 특별한 교유관계를 이어 나갔다.

1779년 심환지는 승승장구하던 관력에 시련을 겪게 되면서 인생의 전환점을 이루게 된다. 정조에게 전 부사 이성모李聖模의 잘못을 따졌고 이성모를 추천한 서명응徐命膺도 아울러 비판했는데, 이 일로 관직에서 물러나게 된 것이다. 다음 해 1780년 가족들을 데리고 경기도 용인 정자평亭子坪으로 이주하여 자신의 집을 만포헌晩圃軒, 자신이 호를 '만포거사晩圃居士'라 짓고 산수유람을 하며 시작詩作에

힘쓰는 등 은거 생활을 시작했다.[50]

그는 1787년 후반쯤 관직에 복귀하면서 다시 서울로 돌아와 북촌 지역의 삼청동三淸洞에 정착하였다.[51] 역사적·지리적 전통이 깊은 삼청동에 터전을 마련함과 동시에 심환지의 정치 생활도 제2막을 열었다고 할 수 있는데, 개인적으로 이곳은 관직에서 삭직되어 용인으로 이거 하기 전 세상 두문불출하며 잠시 몸을 의지했던 위안과 추억의 장소였다. 이 무렵부터 심환지는 자신을 '삼청거사三淸居士'라고 부르며 자호自號하였고 1802년 타계할 때까지 이곳에 거처하였다. 정조의 어찰을 받아보며 막후 지원을 하던 시기도 삼청동 시절이었다.

이 당시 심환지의 주변에는 장서가·수장가들이 여럿 활동하고 있었고 그는 이들로부터 서책과 서화 관련 최신 정보를 얻고 나름 심미안을 키웠을 가능성이 있다. 그중 조정에서 함께 근무한 남공철南公轍(1760~1840), 이만수李晚秀(1752~1820), 이서구李書九(1754~1825), 성대중成大中(1732~1812), 성해응成海應(1760~1839), 심상규沈象奎(1766~1838), 홍양호洪良浩(1724~1802) 등을 비롯해 유언호俞彦鎬(1730~1796), 유한녕俞漢寧(1743~1805), 김조순金祖淳(1765~1832) 등은 심환지가 거처한 북촌의 백운동과 옥류동, 장동壯洞, 통의동 서촌 지역, 용산 등 근거리에 거주하면서 서화골동을 수집하고 유명 서화가들과 교류하며 조선 후기 문예·예술계의 막강한 후원자로 활동하고 있었다.[52] 특히 절친한 친구였던 이규상의 경우 우리나라 역대 서화가들의 약력과 평가를 기록한 「화주록畫廚錄」(『병세재언록幷世才彦錄』에 수록)을 저술한 인물이라는 점에서 자료교환이나 의견을 공유했을 가능성도 있다. 그리고 청송심씨와 선대에 혼인으로 인연을 맺어 심환지가 음으로 양으로 도움을 주었던 정약용丁若鏞(1762~1836) 역시 서화 비평에 남다른 식견이 있었다는 사실을 감안할 때, 그가 서화애호가이자 수장가, 장서가로 활동할 수 있었던 환경은 구비되어 있었다고 볼 수 있다.

심환지는 서화가들과 예술적 교류를 통해 이 분야에 대한 관심을 확장시키기도 했다. 진경산수화의 대가 정선의 후손들과 교류하면서 정선의 작품을 수중에 넣을 수 있었고, 전서篆書를 잘 쓰기로 이름 높았던 서예가이자 음악과 문장에도 통달했던 이한진李漢鎭(1732~1796)에게 자신이 쓸 장서인藏書印을 새겨달라고 부탁하기도 했다.[53] 이한진은 주로 한양에 거주한 사대부와 부유한 중인들의 주문에 응해 수많은 비문과 서발문을 써준 인물로 알려져 있는데, 심환지의 글을 통해 서각書刻에도 특장이 있었음을 알 수 있다.

— 심환지의 서화 수집과 완상

심환지는 선대로부터 물려받은 서책과 본인이 구득한 장서 외에 정선, 강세황 등 여러 화가들의 그림과 중국 그림을 수장했던 것으로 나타난다. 중국 그림을 소장했던 사실은 기록을 통해 알 수 있을 뿐 구체적인 정보는 확인되지 않는다.[54]

심환지 집안에는 유명 서화가들의 작품이 대대로 전해지고 있었다. 그가 조카 심능수沈能秀에게 써준 화첩 제발에 의하면, 여러 화가들의 그림을 집에서 40년 넘게 구장해 오며 한가할 때 열람하였는데, 흩어진 그림을 모아 총 12폭으로 만들었으니 소중히 잘 간직하라는 내용을 담고 있다.[55] 작품이 수록된 화가는 윤덕희尹德熙(1685~1776), 정선, 심사정沈師正(1707~1769), 강세황姜世晃(1713~1791) 등 조선 후기 대표 작가들로, 주제도 산수인물도, 누각산수도, 사군자 등 다양했던 것으로 보인다.

심환지가 역대 화가 중 가장 큰 의미를 두고 수집·감상한 대상은 정선의 그림이었다. 그는 정선을 일컬어 '우리나라 화가의 스승東國畫家之祖師'이라고 극찬했을 정도로 그의 작품세계를 높이 평가했으며, 금강산 여행 중에도 아들에게 정선의 금강산도金剛山圖를 찾아보라고 서찰을 보냈을 정도로 진경산수에 큰 관심을 보였다.[56] 아마도 정선의 금강산 그림을 참고하여 명소를 방문할 목적이었던 것으로 생각된다.

현재 심환지가 수장했던 정선의 그림으로 확인되는 작품은 《경교명승첩京郊名勝帖》(1741년)과 〈인왕제색도仁王霽色圖〉(1751년) 두 점이다.[57] 수량은 적지만 두 작품 모두 한국회화사에서 차지하는 위상이 묵직할 뿐 아니라 정선의 대표작으로 손꼽히는 작품들이라는 점에서 심환지의 안목을 가늠하기에 충분하다. 그는 1802년 타계하기 직전 이 두 그림을 수집해 발문을 남겼다. 수장가의 입장에서 보면 최후의 컬렉션이 되었을 뿐 아니라 말년에 이르기까지 회화 수집을 이어간 애정 어린 흔적도 엿볼 수 있다.

《경교명승첩》은 한강 주변의 명승지와 인왕산 자락의 명소, 기타 고사인물화 등이 포함되어 있어 담담한 청록靑綠 위주의 정선 말년 화풍을 보여주는 다양한 그림들을 한꺼번에 일별할 수 있는 작품으로, 심환지는 조선 후기를 대표하는 두 쌍벽(이병원과 정선)의 서화가 수록된 화첩을 얻게 된 감회를 글로 남기면서 나름의 수장론收藏論을 피력하기도 했다.

> 내가 그림을 좋아하여 이를 얻어 보배로 삼고 그 전함을 오래 할 수 있으리라 하여 드디어 용감하게 그 수장收藏을 열었으니 아쉬운 바가 없는 듯했다. 무릇 물건은 항상 그것

을 좋아하는 사람에게 돌아가니 내가 진실로 그림을 좋아하여 이 화권畵卷을 얻었으나 나를 이어서 이 화권을 사랑할 자로 후세에 다시 어떤 이가 있을까.[58]

위 발문에서 심환지는 자신이 평소 그림을 좋아했음을 고백하며 정선의 귀중한 그림을 수중에 얻었으나, 언젠가 자신의 손을 떠나 누군가에게로 흘러갈 것을 걱정하며 미래의 수장가도 자신처럼 이 그림을 아껴주기를 희망하였다. 이 글은 그동안 알려지지 않았던 심환지의 또 다른 면모를 알려주는 것으로, 서화에 심취해 열심히 구하고 그 가치를 알아주는 누군가를 통해 영원히 작품이 남아 있기를 바란 진정한 애호가의 자세를 보여준다.

《경교명승첩》과 더불어 정선 그림의 백미白眉로 알려진 〈인왕제색도〉 역시 심환지의 소장품이었다(그림 9). 한국 최초의 미술사학자 고유섭(1905~1944)의 배관기拜觀記를 통해 원래 이 그림에는 심환지의 발문이 첨부되었던 사실이 알려졌다.[59] 그 발문은 심환지가 세상을 떠난 해인 1802년에 쓴 것으로, 고유섭이 발문을 실견한 시기는 이미 청송심씨 가문을 떠나 서울의 최난식崔暖植의 집안으로 들어간 후였다. 이후 그림은 다시 개성의 이름난 부호이자 골동수집가였던 진호섭秦豪燮이 수장한 뒤, 서예가 손재형을 거쳐 삼성가

그림 9
정선, 〈인왕제색도〉, 1751년, 종이에 수묵, 79.2×138.2cm, 국립중앙박물관 소장, e뮤지엄에서 전재

三星家에서 최종적으로 수집하게 되었다.⁶⁰ 이렇듯 〈인왕제색도〉가 세상 속에 유전流轉되면서 언제부터인가 심환지의 발문과도 분리된 것으로 생각된다. 비록 심환지의 발문은 현재 사진으로만 알려져 있으나 비 온 뒤 산천초목이 싱그러운 백악산 풍경을 그린 작품의 정취를 살려 자신의 문집에 감상평을 남기기도 했다.⁶¹

《경교명승첩》과 〈인왕제색도〉, 그리고 아직까지 실물 확인이 안 된 〈금강산도〉에 이르기까지 심환지가 유독 정선 그림에 애착을 보인 이유는 무엇일까. 18~19세기에 활동한 수장가라면 정선이라는

이름이 너무나 유명했기에 누구라도 작품을 얻고 싶은 선망의 대상이었겠으나, 장동김문의 세거지인 백악산 아래 청풍계에 있던 장서실을 종종 방문했던 심환지로서는 정선이 노론계 김창집金昌集 (1648~1722), 김창흡金昌翕(1653~1722) 등의 후원으로 작품활동을 한 사실을 누구보다도 잘 알고 있었을 것으로 추측된다.[62] 특히 김상헌, 김수항, 김수증, 김창숙 등 김창집, 김창흡 이전부터 시작된 장동김문의 산수유람의 추구는 정선으로 대표되는 실경산수의 태동과 유행을 가져오게 된 중요한 원인을 제공하였는데, 이런 이유로 정선의 그림은 기호·남인계 문사들보다는 노·소론계 인물들이 더 선호한 배경이 되었다.[63] 따라서 조선 문인들이 정선의 그림을 수장, 감상한 배경에는 당파적 성향도 일정하게 반영되어 있었다.

  1768년 심환지가 참석한 의금부 관리들이 모임을 그린 김윤겸도 김상헌계 노론 가문의 후예이자 실경산수 작품을 많이 남겼다는 점에서 심환지와 정치적·예술적 입장을 함께한 인물이었을 가능성이 크다.[64] 김윤겸은 서자라는 신분적 한계로 인해 관직에 오르지 못했으나, 아버지 김창업을 이어 그림에 재주가 있었고 아들 김용행金龍行(1753~1778)도 그림에 능했지만 요절하였다. 김용행은 심환지와 교유한 서예가 이한진과도 친분이 있어 그의 그림에 이한진이 전서로 발문을 써 주기도 했다.

심환지는 남산을 떠나 삼청동에서 생활하던 말년에는 예단의 총수라 일컬어진 강세황의 산수도를 소장하였다(그림 10). 국립중앙박물관 소장 《산수도山水圖》 족자가 그것으로, 원래 사계절에 해당하는 4폭으로 구성된 화첩이었을 것으로 생각되나, 지금은 여름과 가을 경치를 그린 〈하경산수도〉와 〈추경산수도〉가 심환지의 발문과 함께 족자 형태로 전해 오고 있다. 두 작품은 심환지의 발문에 의거해 강세황의 그림으로 알려져 왔으며 이 작품에 대해 심환지는 화가의 묘리를 터득한 작품이라며 높이 평가하였다.[65]

— 수장가로서 심환지의 면모

이상 살펴본 바와 같이 심환지의 서화수장은 교유관계를 통해 구득한 동시대인의 서화 작품이 다수를 차지하고 있었고, 특히 겸재 정선 진경산수화 등에 대한 강한 애호는 정선이 18세기 초 북촌의 청풍계를 중심으로 거주했던 노론 인사들의 후원을 받은 전통에 기인한 것으로, 19세기 초에도 당파적 입장과 지역적 환경이 예술 취향에도 영향을 끼쳤음을 보여준다.

17세기 이래 세련된 도시적인 환경 속에서 성장한 경화 사족은 18세기에 들어와 향촌 생활을 기반으로 사유 세계를 펼쳤던 기호·영남 사족들과 달리 일부는 연행을 통해 새로운 학문과 문물을 수

그림 10

강세황,
〈하경산수도〉(위)
〈추경산수도〉(중간)
심환지 발문(아래),
18세기, 종이에 수묵담채,
각 25.1×23.7cm, 국립
중앙박물관 소장, e뮤지엄
에서 전재

용하여 중국의 골동 서화수장론收藏論을 수용하거나 국내외 최신 자료에 많은 관심을 보이기도 했다. 또한 장서루와 장서가들이 밀집되었던 서울과 그 주변에 거주했기 때문에 선진적인 학예 경향을 접하는 차원에 있어 지방사족에 비해 유리한 입장에 있었다.[66] 남공철이 다량의 중국 서화를 구입해 그 진위나 가치에 대해 꼼꼼하게 평을 한「서화발미書畫跋尾」를 남겼다든지 유한녕이 중국과 서양 지도를 수장해 주변인들과 열람한 행위 등을 그 사례로 들 수 있다.[67] 이러한 이유 때문에 지금까지 18세기 서화 감상과 수집의 경향을 두고 중국제에 대한 사회적 열풍이 심화되었고 이러한 흐름이 19세기 추사秋史 김정희金正喜의 활동으로 이어진 것으로 해석해 왔다.

그러나 심환지의 경우 주변인이나 동시대인들이 중국이나 서양에 점차 경도되고 있었던 태도와 달리 조선 서화에만 관심을 두었던 것으로 나타난다. 그는 윤덕희尹德熙(1685~1776), 심사정沈師正(1707~1769), 강세황 등 조선 후기 대표 화가들의 작품을 모아 화첩으로 만들고 감상하기를 더 즐겨 했다. 이는 그가 연행 경험이 없었던 것과도 연결될 수 있지만, 정치나 생활에 있어 보수적인 입장을 가지고 있었고, 화려한 관력에 비해 소소하고 겸손한 생활을 덕목으로 삼았던 개인적 취향이 더 많이 작용했기 때문으로 생각된다.

심환지의 관력과 명망을 고려할 때 생전에 다양하고 많은 작품을 접했을 것으로 생각되지만 현존하는 그의 수장품은 수적으로 많이 알려져 있지 않다. 그럼에도 〈인왕제색도〉처럼 18세기 한국 미술사에 있어 굵직한 획을 그은 작품들이 포함될 수 있었던 것은 그가 활동했던 서울 북촌이라는 지역과 사회적 지위, 정치적 노선을 같이한 인적 관계망과 함께 그의 높은 안목과 감식안이 반영된 결과이다. 특히 노론계 장동김문의 후원 속에서 제작된 정선 그림이 심환지라는 정치적 거물의 수중으로 들어갔다는 사실은 19세기 초에도 진경산수화의 감상이 지속될 수 있었던 데에는 심환지처럼 다양한 감상 층이 활동했었기에 가능했다는 점을 다시 한번 상기시켜 준다.

한편, 심환지는 여러 화가들의 작품에 제발을 남기며 나름의 서화 비평을 시도하였다. 정선을 높이 평가하면서도, 작품의 수준이 다소 미흡하다고 판단되면 '득의작得意作은 아니다.'라며 날카롭게 지적하는 등, 비판적 시선을 아끼지 않았다. 작가가 분명하지 않은 작품에 대해서는 표현 기법, 구도, 색감 등을 근거로 화가를 유추하기도 하였다. 이러한 면모는 그가 단순히 경제력에 기대어 서화를 맹목적으로 수집한 호사가가 아니라, 뚜렷한 안목과 기준을 가지고 작품을 선별한 감식가였음을 잘 보여준다.

근기 지역의 수장가: 정약용(1762~1836)

― 조선 후기 근기 지역의 서화애호 풍조와 수장가들의 활동

정약용丁若鏞은 인생의 대부분을 경기도 남양주에 우거하며 허목許穆(1595~1682)으로부터 기원하여 이익李瀷(1681~1763)과 권철신權哲身(1736~1801)으로 이어진 근기 실학파의 전통을 계승해 학문을 집대성한 대학자로 평가되고 있다. 조선 후기 미술사에 있어 정약용의 활동은 19세기 양반들의 서화 완상에 대한 입장 변화라든지 남인과 소북계 인물들이 주축이 되어 전개된 18세기 근기 지역 서화수장과 예술 향유의 전통이 이후 어떠한 양상으로 펼쳐졌는지 파악하는 데 있어 중요한 위치를 차지하고 있다. 아울러 그의 서화에 대한 관심은 그와 교유한 강화학파의 인물들이나 기전畿甸 지역에 세거하며 문예활동을 펼쳤던 인물들을 통해서도 발현되었다고 볼 수 있다.

정약용 이전 근기 지역의 서화수장과 학예 분위기를 선도했던 인물은 이만부李萬敷(1664~1732)이다. 허목의 학문을 계승한 그는 18세기 기호 지역 사족의 예술관과 서화수장 전통이 형성되는 데 있어 교량 역할을 하였다.[68] 17세기 명문가였던 연안이씨延安李氏 삼척공파三陟公派의 후손으로 당쟁기를 피해 30대 중반부터 경북 상주를 터전으로 살았던 재야학자였으나, 성호 가문과 돈독한 교분을 나누며 기호 남인의 학통을 전승하였다.

이만부의 수장품은 선조들이 남긴 글씨와 유품이 중요한 토대를 이루었다. 이는 대대로 명필을 배출한 가문이었던 만큼 이만부 생존 당시에도 윗대부터 전승되어 온 유필이 많았기 때문이다. 서예에 침잠했던 가풍의 영향 때문인지 이만부는 옛 작품에 대한 고벽古癖이 남달랐던 것으로 보인다. 그는 '고첩古帖을 보기를 좋아하여 사람들을 따라다니며 열람하고 완상하는 것이 싫증 나지 않았다.'라며 자신의 취향을 드러내기도 했다.[69] 수집한 작품들도 대부분 명현들의 필적이 주를 이루었으며, 퇴계 학통을 이은 가문의 후손답게 이황과 그 문하생들의 글씨를 모은 첩뿐 아니라 학문의 종주로 생각한 허목의 전서첩篆書帖, 그리고 우리나라 역대 명필의 서첩을 간직하고 있었다.

이만부처럼 조선 후기 예술사에 있어 근기 지방이 지역적으로 대두된 배경에는 18세기 남인 학맥의 최대 학파였던 성호학파星湖學派의 역할이 있었기 때문이다.[70] 이는 성호星湖 이익李瀷(1681~1763)을 비롯해 예술의 효용성을 인정하고 서화비평에 의미를 두었던 성호 가문의 개방적인 예술관이 교유 인물들과 후학들에게 일정한 영향력을 파급시킨 결과였다.[71] 구체적으로는 이익의 후손들인 이용휴, 이관휴, 이가환을 비롯해, 오광운, 정범조 등 후학들 사이에서 서화가의 교유와 창작활동에 대한 이해를 동반한 한편, 교유 인물들의 작품을 입수하는 등 근기 남인들의 회화관 형성에 크게 일조하였다.

― 정약용의 서화 경험과 수장 양상

성호학파 중 한 명으로서 이익의 회화관에 영향을 받은 정약용의 경우, 작품을 감상하는 수준이 아닌 스스로 직접 창작했던 만큼 그는 산수화, 사군자, 화조화, 영모화, 지도를 비롯해 역대 비문과 서첩을 접하고 감상평을 기록하였다. 그의 문집 『여유당전서』에는 그가 경험한 다양한 서화 작품에 대한 내용이 시문과 서발문의 형태로 수록되었으며, 이는 그의 생존 당시 가문에서 전래된 작품과 그가 소장했던 기타 서화, 그리고 타인의 소장 작품 등에 대해 대략적으로 일별할 수 있는 근거가 된다. 이밖에 이원익李元翼, 이항복李恒福, 허목, 채제공蔡濟恭, 이만원李萬元 등 명인들의 초상화를 보고 화상찬을 남긴 것 또한 특기할 만하다. 이러한 사례는 정약용이 소재나 주제와 상관없이 서화 작품을 다양하게 감상했음을 말해준다.

정약용이 서화에 대해 긍정적인 인식을 갖고 직접 창작을 하게 된 배경으로 앞에서 설명한 바와 같이 18~19세기 성호가문을 위시한 성호학파의 서화 감상과 수집에 대한 긍정적인 분위기가 간접적인 요인이 되었다면, 정범조丁範祖(1723~1801)를 비롯한 나주정씨 선조들의 영향과 외가인 해남윤씨의 가풍이 직접적인 영향을 주었을 것으로 추정된다. 그의 집안에는 6촌 대부 둔옹遁翁이 만든 10세 유묵첩이 보관되어 있어 정약용은 매번 첩을 열람하면서 선조들의 필법을 체험할 수 있었고 부친 정재원鄭載遠은 필적에 관심이 많아 선현 묵적을 완상하기를 즐겼는데, 그때마다 정약용도 어렸을 때부터 따라다니며 보았다고 한다.[72] 또한 부친과 더불어 정범조의 문하에 나아가 공부했던 만큼 이들과 관계 역시 밀접했다고 볼 수 있다. 정범조는 스스로 서화 수집이 운치 있는 행위라고 타당성을 긍정했을 뿐 아니라 김홍도, 최북과 교유하며 이들의 작품을 소장했던 인물이다. 정약용이 정범조의 유사遺事를 쓰면서 진실하면서도 문장과 학문에 돈독했던 그의 생활을 칭송한 글을 통해 정범조의 학문과 예술관을 수용했을 가능성을 짐작하게 한다.[73]

아울러 모친 해남윤씨의 영향으로 인해 외가 인물들에 대한 관심이 자연스럽게 생겼을 것으로 생각된다. 정약용이 외증조부 윤두서의 유묵이 집에 많이 남아 있다고 한 말을 통해 자연스럽게 해남윤씨 인물들이 이루어 놓은 예술적인 성취를 수용했을 가능성을 시사하고 있다.[74] 그가 윤두서尹斗緖·윤덕희尹德熙·윤용尹愹의 회화를 평가하며 핍진한 사실성을 칭송한 것은 이러한 내력에서 나온 것이라 생각된다.[75]

정약용의 수장 활동은 조상 대대로 전해 내려온 가장품에 기초하여 이루어졌다. 이는 조상을 숭상하고 가문의 전통을 중시했던 조선시대 양반들에게는 자연스러운 현상이었을지 모르나, 정약용의 경우 특히 이러한 가장품을 바탕으로 그의 서화관이나 작가론을 형성한 예가 적지 않다.

『여유당전서』에 따르면 정약용의 집안에는 선대 유묵遺墨을 비롯하여 외가인 해남윤씨 가문의 인물 화첩, 중국 명필의 글씨를 모각한 법첩, 그리고 조선 역대 화가들의 그림을 장첩한 화첩 등 다양한 서화 자료가 전래되고 있었다. 『여유당전서』에는 정약용이 직접 서술하거나 발문을 남긴 서화 관련 글이 다수 수록되어 있으나, 그가 실물 작품을 실제 소장했는지, 혹은 타인의 소장품을 보고 감상을 남긴 것인지에 대해서는 명확히 단정하기 어려운 경우도 있다.

그럼에도 불구하고 《십세유묵十世遺墨》, 《서화첩》, 《삼부첩三釜帖》을 비롯하여, 해남윤씨 인물들의 그림을 모은 《취우첩翠羽帖》, 1783년 진사 합격 후 친우들과 지은 시를 모은 《화앵첩畵櫻帖》, 정조가 채제공에게 내린 시문과 차운시를 엮은 《어사번암시첩御賜樊巖詩帖》, 윤두서의 〈조선지도〉, 그리고 이명기의 그림과 함께 자신의 글씨를 아우른 《삼천첩三遷帖》, 귀양 시절 오징어 먹물로 제목을 썼다는 《탐진농가耽津農歌》 등은 정약용이 직접 제작하거나 소장 경위를 밝힌 경우로, 그의 수장품으로 보아도 무방할 것이다. 이 중 《서화첩》은 조상 대대로 집안에 전래되었던 조선 화가들의 그림을 모은 것으로, 김시·이정·윤두서·윤덕희·변상벽·유덕장·심사정·정선·강세황·허필·김홍도·이명기 등 모두 17~18세기 조선 화단을 대표한 화가들의 작품이었다.

이 외에도 정약용이 소장했을 가능성이 있는 작품으로는 명나라 신종 황제의 〈묵죽도〉 병풍, 규장각에서 『고금도서집성』을 필사하여 만든 《기기도첩奇器圖帖》, 유성룡의 글씨를 모은 《수운정첩水雲亭帖》, 그리고 안평대군 이용, 오준, 이광사 등 역대 명필의 서첩 등이 있다. 아쉽게도 이러한 작품들은 기록을 통해서만 존재가 확인될 뿐, 오늘날 실물이 확인된 사례는 매우 드물다.

정약용은 평생 다양한 서화를 접하며 감식안을 키워 나갔고, 선대의 유산에만 머물지 않고 스스로 취사선택한 작품들도 다수 수장하였다. 김생이나 이광사, 오준의 글씨, 《기기도설》과 같은 저작들은 그가 의식적으로 간직한 사례에 해당한다. 그는 이러한 다양한 서화를 바탕으로 감식력을 기른 뒤, 타인의 수장품이나 교유 인물의 작품에 대해 냉철하고도 정밀한 평을 남기기도 했다.

정약용의 서화수장 활동은 중국 서화에 열광하던 당시 경화 사족과는 구별되는 면모를 보인다. 즉 명나라 신종 황제의 〈묵죽도〉를 제외하면, 그가 중국 작품을 감상했거나 발문을 남긴 예는 거의 찾아볼 수 없다. 이러한 점은 서예 작품에 대해서도 마찬가지였다. 그는 금석문과 비문에도 깊은 관심을 보였지만, 앞서 살펴본 유만주나 한양의 서인계 문사들이 한예비첩漢隷神帖을 주로 수집했던 것과는 달리, 우리나라 비문에 더 많은 관심을 기울였다. 또한 서체의 고증보다는 진위 여부나 서풍書風의 품격에 주안점을 두고 감상한 것이 특징이다.

정약용의 서화 감상과 수장은 19세기 근기 남인 문사들이 공유하던 예술적 경향을 반영함과 동시에, 조선 후기 서화수장 문화 속에서 독자적 예술관을 견지한 지식인의 전형으로서 의미를 갖는다. 특히 18세기 이후 지역성과 개인의 미학이 강조되는 흐름 속에서, 정약용은 가문과 시대의 전통을 계승하면서도 독자적인 감식안과 가치판단을 실천한 인물이었다고 평가된다.

영·호남 지역의 수장가: 유억과 금우열

― 구례 운조루를 지킨 수장가, 유억(1796~1852)

19세기 한양과 근기 지역 수장가들이 활동하고 있을 당시 호남 지역에서는 유억柳億으로 대표되는 문화유씨 인물들이 적극적으로 서화를 수집하고 있었다.[76] 전남 구례에 위치한 운조루雲

鳥樓의 창건자 유이주柳爾胄(1726~1797) 이래 그의 후손들인 유억(1796~1852), 유제양柳濟陽(1846~1922)과 유영업柳瑩業(1886~1944)은 200여 년간 조상으로부터 전래된 각종 서책과 서화를 보전하고 서화가들과 교유하면서 작품을 구하는 등 19세기 지방사족의 문화향유 양상을 보여준 대표적인 인물들이라고 할 수 있다. 이들 중 유억은 운조루에 서화가 소장되는 데 계기를 만든 장본인이다. 여기에서는 서화수장을 진작시킨 유억의 활동에 집중하여 문화유씨 인물들의 서화수장과 보존에 관해 살펴보고자 한다. 이를 통해 세대를 거듭하며 운조루 주인들이 소장했던 각종의 서화 작품의 수장 경로와 조선 말기 양반가의 수장 활동이 19세기 서화수장사에 있어 차지한 의의에 대해 탐색하도록 하도록 하겠다.

 문화유씨 인물들이 전라남도 구례군 토지면 오미리와 인연을 맺은 계기는 유이주(1726~1797, 호號 귀만재歸晚齋)가 조상들의 세거지인 경북 대구를 떠나 이곳에 정착하면서부터이다. 그는 어린 시절 상경하여 1753년 무과에 급제한 후 수어청守禦廳 경기별장京畿別將, 낙안군수樂安郡守 등을 제수받아 관직 생활을 하였고 후손들도 무과로 관직에 진출하여 직책을 세습하였다.

 무관직에 있으면서 상당한 재산을 축적한 유이주는 1770년 대 초반부터 아들 유덕호柳德浩를 시켜 7년여에 걸쳐 운조루를 건립하게 하였다.⁷⁷ 운조루는 초기에는 문화유씨가의 별장처럼 이용되었으나, 유제양柳濟陽이 구례로 완전히 낙향하면서 유씨가의 종택으로 자리잡게 되었다. 이곳은 생활의 터전이자 조상 대대로 물려받은 수많은 장서와 서화를 보관하는 데 있어 거점으로 작용한 중요한 수장처이기도 했다. 조선 후기 이후 장서가나 서화수장가들이 다수 등장하면서 수장처의 마련이 점차 중요시된 시대적 흐름에 비춰볼 때 운조루의 건립 역시 수장처 건립의 확산 현상으로 이해될 수 있을 것이다.

본래 무반武班이었던 유이주가 어떤 배경으로 서화에 관심을 가지게 되었는지 알려주는 구체적인 자료는 드물다. 그러나 그가 문신이자 서예가였던 윤사국尹師國(1728~1809)과 친분이 두터웠고 실제로 윤사국의 글씨를 소장했던 사실로 미루어 보아 서화에 관심을 둔 인물이었던 것으로 추정된다. 윤사국은 생전에 필명이 높아 윤순尹淳과 이광사李匡師에 비교되었으며 금옥보책金玉寶冊과 건물의 현판 글씨를 많이 남겼다.⁷⁸

서예가와 교유한 유이주는 가정 내에 많은 문적을 구비함으로써 후손들이 이 방면에 의미를 두고 가문의 전통으로 유지할 수 있도록 하는 데 중요한 역할을 했던 것으로 생각된다. 후손 유영업이 작성한 장서 목록에 의하면 이미 유이주 대부터 장서가 계속 증가하여

유억이 생존했던 때에는 상당량에 이르렀음이 이를 증명해 준다.[79]

유이주를 계승하여 많은 서책을 수장하였고 운조루에 서화 작품이 본격적으로 유입되는 데 있어 중요한 역할을 한 인물은 그의 손자인 유억이다. 유억의 호는 원석圓石 또는 각무암覺䫉庵, 인묵재忍黙齋로, 1825년 무과에 합격한 뒤 안주安州, 청주 등지에서 관료 생활을 하면서 서화수장을 병행하였다. 여러 기록으로 보아 그는 젊은 시절부터 서화를 수집하였고 간간이 운조루에 기거하는 동안 문화유씨가의 장서와 서화수장의 전통에 있어 가장 긴요한 행적을 남겼던 것으로 보인다. 그는 지리에 관심 많아 여지도輿地圖나 조선팔도지도, 채색지도 등을 수집하였는데, 아마도 조부 유이주로부터 받은 영향이 컸던 것으로 생각된다.[80]

지리류에 대한 관심 외에 유억이 두드러진 자취를 남긴 부분은 서첩 수장이다. 그의 5대손인 유형업이 운조루 소장 서첩들이 대부분 유억에 의해 수집되었음을 기록으로 남겨 이를 증명해 준다.[81] 즉 유형업이 1922년 가장 문적을 정리하면서 쓴 『소장책자목록所藏冊子目錄』에 기록된 서첩 중 중국과 우리나라 명필의 글씨, 그리고 선조들의 유필첩에 이르기까지 대부분 유억 당시에 모은 작품이라는 점을 상기하면, 그는 선현의 글씨나 서첩 수집에 각별한 관심을 보인 인물이었음에 틀림없다. 그가 수집한 서첩으로는 《보진재서첩寶晉齋帖》(북송 미불),《순화각첩淳化刻帖[역대명신법첩歷代名臣法帖]》,《환아첩換鵝帖》(왕희지王羲之), 황기로의《황고산초성첩黃孤山草聖帖》, 한호의《석봉유적》,《백옥루상량문》, 허목의《동해비명》, 성수침成守琛의《청송서첩聽松書帖》, 이익회李翊會의《악지론樂志論》, 김정희金正喜의《화엄첩華嚴帖》, 작자 미상의《민농시첩憫農詩帖》등 30여 점이 있었으며, 이 서첩들은 후손들에 의해 가보로 전래되어 운조루 서화수장품이 형성되는데 기초가 되었다. 또한 그가 모은 이 서첩들마다 오미동 운조루 소장임을 나타내는 수장인收藏印이 찍혀 있어 대를 이어 수장품을 지킨 운조루 주인들의 철저한 보전 의식을 상기시켜 준다.

유억이 모은 서첩 중에는 한호의 글씨가 가장 많다. 한호가 쓴《초결백운草訣百韻》,《석봉진적石峯眞蹟》,《석봉첩石峯帖》,《석봉유묵石峯遺蹟》등을 가지고 있었던 것으로 보아 석봉체에 대한 유억의 관심이 컸던 것으로 생각된다. 또한 명필로 이름 높았던 한호의 글씨가 19세기에 이르러서 지방사족에게 중요한 완상품으로 인식되었고 어느 서예가의 글씨보다 다수 유통되었던 것이 아닌가 한다.

그 외 작자 미상의《민농시첩》은 1829년에 구입한 것으로, 운조루에 현존하는 작품을 보면 굵은 필획의 설암체雪庵體로 쓴 글씨이다.[82] 유억은 직접 글씨를 구해와 성첩成帖하기도 했는데, 김정희의

《화엄첩》이 그 예이다. 그는 화엄사에 갔을 때 김정희의 석판 불경을 보고 일부를 구해 모각하여 서첩을 제작하였다.[83] 이렇듯 유억은 구입이나 선물, 또는 직접 작품을 구해 모각함으로써 서예 자료를 축적했던 것이다.

유억이 수집한 서첩들 중 일부는 오래전에 유실된 것도 있지만 현존하는 작품들을 보면, 이익회(1767~1811)나 윤사국처럼 유억이 직접 교유한 서예가들의 작품을 포함해 이광사·한호·허목·김정희 등 명필의 반열에 든 인물들의 작품이 대다수인 것이 특징이다. 이러한 사실은 유억이 당대 명필들에 대한 인식이 있었으며, 서첩수장의 목적이 이들의 글씨를 의식적으로 수집하는 데 있었음을 의미한다. 그럼에도 선조유필이나 특별히 작가들로부터 직접 받은 글씨를 제외하고 그가 구한 글씨는 친필 묵적이 거의 없고 판각 상태가 좋지 않은 모각본이 대다수이다. 아마도 여러 서화가들과 직접 교유하거나 값비싼 원본을 구입할 수 있었던 서울의 수장가들과 달리 궁벽진 지역에서 활동한 지방의 수장가에게는 질 좋은 서첩을 구하는 데 있어 제약이 따른 것으로 보인다. 유억과 동시대에 활동한 수장가 이조묵李祖默(1792~1840)이 경화 사족의 일원으로 옹방강과 조우를 통해 청의 선진문물을 흡수하며 중국 및 우리나라의 서화를 모은 것과 비교하면, 조선시대 수장가들이 처했던 환경의 격차는 컸다고 할 수 있으며 이는 수장품의 성격을 결정짓는 데에도 중요한 요인이 되었다고 본다.

그럼에도 유억은 자신이 수집한 서첩들을 틈틈이 정리하면서 수장활동에 상당한 의미를 부여하고 있었다. 그는 서첩의 내지內紙나 말미에 구득하게 된 경위나 글씨에 관한 자신의 단상斷想을 기록하기도 했으며, 가장 필적들이 흩어지는 것을 막기 위해 권이나 첩으로 정리하는 작업을 지속적으로 이어 나갔다. 그는 조선 중기 서예가 황기로의 작품을 정리하고 다음과 같은 글을 서첩 말미에 썼다.

경진년[1820] 여름 5월 (중략) 마침 고첩古帖을 펼쳐보니 원교圓嶠[이광사]의 초서와 해서, 팔분체가 세 권이고, 원장元章[미불]의 필법이 두 첩, 황고산초성黃孤山草聖[황기로] 및 청송聽松[성수침], 직암直庵[윤사국尹師國]의 유필이 각 한 권씩 장황되어 있다. 닷새에 걸쳐 여덟 첩을 완성하였다. 종이도 별로이고 솜씨도 졸렬해서 첩帖으로 장황하기에 부족하지만 옛사람의 필적이니 책상에서 펴보면 역시 졸음을 쫓고 장마를 보낼 자료가 될 만 하다. 만약 이것들을 먼지 낀 상자에 던져두어 벌레나 쥐, 좀이 먹어서 해지게 한다든지, 다른 사람에게 빌려주어 아이들이 먹 장난을 하였다면 어찌 내가 지금 수집한 뜻이 있겠는가? 4운 1수로 된 글을 첩의 발미로 삼으니, 후손은 우러르고 마땅히 경계할지어다.

위 글은 유억이 출사하기 전인 20대 후반부터 서첩 수장에 관심이 있었고 이를 정리한 습관을 지속적으로 유지했음을 말해준다. 한편 그의 말은 곧 서화를 안전하게 보관해야 수집한 의의도 있다는 점을 역설한 것으로, 전통 시대 서화수장가들이 견지했던 보존의식과 동일 선상에 있었다고 하겠다.

옛사람들의 글씨에 대한 유억의 관심사는 단순한 수집과 애호 차원을 넘어 자신이 소장한 글씨에 대한 연구와 평가로 이어졌다. 그가 남긴 미간행 초고인 『원석유고圓石遺藁』는 서화수장가로서 그의 궤적과 서화가들과의 교유, 서화에 관한 식견을 살펴볼 수 있는 자료가 되는 것으로, 내용을 보면 서예가인 이익회와 상당한 친분을 유지했으며, 그의 글씨 또한 높이 평가했음을 알 수 있다.[84]

이익회가 유억과 어떠한 연고로 친해졌는지 분명하지 않지만 이익회는 운조루에 머무는 동안 유억으로부터 종종 글씨를 청탁받았던 듯하다. 이러한 까닭에 유억은 이익회가 쓴 《악지론초첩樂志論艸帖》과 《고동산초첩古東山樵帖》을 수장하였고 역시 이익회의 글씨인 〈족한정足閒亭〉, 〈운조루雲鳥樓〉, 〈수분실隨分室〉 등 현관과 병풍이 운조루에 보관될 수 있었다.

여기서 주목할 점은 이익회 역시 19세기에 풍미했던 청대 서풍에 민감했고 또 그들의 작품을 소유했던 수장가였다는 사실이다. 그는 옹방강이 1695년 모각한 〈당이북해대조선사비唐李北海大照禪師碑〉 탁본과 역시 옹방강이 쓴 〈정서론正書論〉을 소장하고 있었던 것으로 확인되는데, 후자는 본가에서 유출되어 1930년대 일본인들에 의해 경매되었다.[85] 〈정서론〉의 하단에 장황된 발문은 추사의 글씨로, 그가 직접 김정희에게 부탁하여 받은 것이다.[86] 옹방강의 글씨는 이익회가 김정희와 교유했고 중국 서풍에 심취한 흔적을 보여주는 예로서, 이익회는 지방사족인 유억에게 고증학풍이 풍미했던 중앙 서예계의 분위기를 전달해 주는 역할을 했으리라 본다. 운조루에 추사체로 유억의 호를 쓴 현판이 전래된 것이라든지, 김정희의 글씨 병풍이 소장될 수 있었던 것도 유억이 이익회와 같은 동시대 서예가와의 교유를 통해 당대 유행한 서풍을 인식하고 있었기 때문이라고 생각한다.

유억의 글씨에 대한 관심과 수장품에 대한 보존 의식은 후손인 유제양(1846~1922)과 5대손 유형업(1886~1944)에게 계승되었다. 두 사람은 유억의 서책과 서첩 수장에 큰 영향을 받은 것으로 보이며, 각자 문집을 통해 유억의 행적을 기리고 숭앙하는 글을 남겼다.

유제양은 특별히 관계로 진출하지 않았지만 19세기 영남 유림의 대표자였던 매천 황현黃玹(1855~1910)과 친분이 두터웠으며, 무엇보다도 유억에게 물려받은 수장품을 체계적으로 보존하고 정리하고자 힘썼다.[87] 유억이 서첩 수장에 관심이 컸다면 유제양은 그림에 더욱 관심을 보였으며, 스스로 창작 활동도 하였고 서화가들과 교유도 활발했던 것으로 믿어진다. 그의 서화 관심사는 『시언是言』(1851~1922)이라는 방대한 일기를 통해 확인할 수 있으며, 이 일기 자료는 19세기 중반 이후 운조루 소장 서화의 유입 및 유동 상황 등을 파악하는 데 있어 상당히 유용한 정보를 제공해 준다.

유억 사후 유제양 대에 이르러서도 운조루 소장 서화 작품은 꾸준히 증가하였다. 그는 여흥민씨 인물들과 각별한 친분이 있었는데 이는 본래 유씨 일가의 서울집이 안국동 민영철의 집과 이웃해 있으면서 교분이 두터웠기 때문이라고 한다.[88] 이러한 연고로 민영환閔泳煥(1861~1905)의 형 민영철閔泳喆은 광주관찰사로 부임했을 때 〈이산루二山樓〉라는 현판을 써 주었고 민광식閔光植(1858~?)은 운조루에 머물면서 〈석란도石蘭圖〉, 〈동강도洞江圖〉, 사군자, 화조화 등을 그려주었다. 민광식은 유제양에게 주로 묵란화나 화조화를 주로 그려준 것으로 보아 이 분야에 화업을 매진한 화가였던 것으로 생각된다. 민광식처럼 친분이 있던 서화가들이 운조루에 머무는 동안 작품을 남긴 것은 운조루에 서화가 소장될 수 있었던 중요한 경로 중 하나였다고 판단된다.

이러한 서화가들과의 교유 외에 유제양이 작품을 입수할 수 있었던 또 다른 경로는 골동 상인을 통한 구입이었다. 민영환이 자결 후 돋아났다는 대나무를 그린〈혈죽도血竹圖〉는 1907년 한 상인으로부터 구입한 것이다. 그는 그림에 쓴 발문에서 민영익의 충정이 그림이나 글로 표현할 수 있는 것이 아니기 때문에 따로 발문을 달지 않겠다며 상당한 경외심을 표현하였다.〈혈죽도〉는 민영익이 자결한 후 피 묻은 옷과 칼을 보관하던 곳에서 대나무 뿌리가 돋아나자 절의의 상징으로 널리 인식되어 후에 양기훈楊基薰(1843~?)과 안중식安中植(1861~1919)이 그림을 남겼으나 원본은 소실된 지 오래되었고 대신 판화가 세간에 알려져 있었던 모양이다. 유제양이 구입한〈혈죽도〉역시 양기훈의 그림에 남정철南延哲이 찬讚을 했고, 권동수權東壽가 글씨를 쓴 작품을 판화로 찍은 것이었다.[89]

유제양 사후 운조루의 수장품은 손자 유형업柳瑩業에게 전수되었다. 그는 선조들의 전래품을 보전하는 한편, 지속적으로 서화를 구입하였다. 1922년에 쓴 일기에 의하면 보성군에 거주하는 허소許炤(자字 남규南奎)라는 인물이 찾아와 김정희의 서찰을 가져간 대신 자신의 매梅·난蘭 그림을 보내주었고, 1926년에는 광주에 사는 안장호安長鎬가 자신이 쓴 글씨 병풍을 들고 오자 1원에 구입하였다.[90] 특히 허소와 더불어 추사의 글씨를 논하였다는 것으로 보아 유형업은 대대로 서예 작품을 중요시한 가풍에 영향을 받은 것으로 생각되는데, 필자 미상으로 전래된 편액 몇 점을 김정희의 글씨로 확정 짓기도 하였다.[91]

유형업은 몇 대를 걸쳐 전승된 운조루 소장 서화수장품을 최종적으로 정리한 인물이기도 하다. 그는 유제양이 작성한 목록을 바탕으로 1922년 운조루 소장품을 일제 정리하여 『소장책자목록』을 남겼다. 이 목록은 각 장의 층마다 책자와 서화의 위치순으로 기록하였으며 확인 당시 유실된 작품은 따로 분류하여 구분하였다. 여기에 기록된 서화 중 상당수는 유억의 구장품을 기초로 한 것이며 유제양을 거치면서 새로 입수된 작품들이 포함된 것이다. 유제양은 이 목록을 작성하기 전에 친지나 동료들이 빌려 간 서책이나 서첩을 되돌려 줄 것을 요청함으로써 수장품의 복원을 시도하였으며, 덕분에 《석봉진적》,《순화각첩》, 이삼만李三晩의 글씨를 되찾을 수 있었다.[92] 그가 목록을 작성할 당시에는 이미 많은 서첩들이 유실된 상태였지만 약 200년 간 전승된 서화 작품들의 존재 사실을 알려 주는 귀중한 자료라고 할 수 있다.

아무리 유명한 수장가의 집안이었다 하더라도 오늘날까지 수장품이 온전하게 전래된 경우는 매우 드물다. 이러한 의미에서 구례 문화유씨 후손들이 전수해 온 서화 자료는 일부가 도중에 흩어지긴 했지만 조선 말기 호남 지역 양반가의 수장품 전래 양상을 구체적으로 보여주고 있고, 그 내용이 풍부한 기록으로 뒷받침되고 있다는 점에서 조선 후기 사가 서화수장의 역사에 있어서도 큰 의미가 있는 사례이다.

― 19세기 영남의 예맥藝脈을 지킨 수장가, 금우열(1824~1904)

앞에서 살펴본 유억이 대구 출신으로서 호남 지역에 정착해 수장가로 활동한 인물이었다면, 금우열琴佑烈(1824~1904, 호號 자산紫山, 자字 경조景祖)은 조상 대대로 안동과 예안 지역을 떠나지 않은 토착 양반 가문의 후손이었다.[93] 그는 19세기 향촌 양반의 전형적인 삶을 지향했지만 지역에서 이름난 장서가이자 필첩을 전문적으로 모은 수집가였을 뿐 아니라 동시대인들에게 그러한 활동상을 높이 평가받은 인물이다.

그의 수장 활동은 사적인 서화 애호 취미 차원이 아니라 문화적으로 16세기 이래 문적의 수집과 간행이 활발했던 영남 지역 장서 문화의 토대 위에서 생성된 것이자, 사회적으로는 조선 후기 관계로의 진출이 좌절되고 향반으로 고착화된 영남 사림의 처사형 삶과

직결된다고 볼 수 있다. 아래에서는 금우열의 활동이 18~19세기 영남지방 사족의 문예관 및 예술 취향과 어떠한 상관관계가 있는지 살펴보도록 하겠다.

금우열이 속한 봉화금씨奉化琴氏 예안파禮安派는 고려 말부터 이름을 떨치기 시작하여 16세기에 들어와 사림파 명문과 혼인 관계를 이루었고 퇴계 이황의 맏며느리가 금문琴門에서 시집옴에 따라 퇴계 집안과 금씨 가문은 서로 혼척간이 되었다. 이러한 연유로 금씨가에서 퇴계의 학문적 훈도를 받아 10명 이상의 문인을 배출한 것은 기존 연구를 통해 잘 알려진 사실이다.[94] 그중 금응석琴應石(1508~1583), 금응협琴應夾(1526~1586), 금난수琴蘭秀(1530~1604) 등은 이황의 도산서당 건립에 협력함으로써 퇴계 문도의 중심인물로 부상하였다. 특히 성재惺齋 금난수琴蘭秀(1530~1604)는 월천 조목과 함께 이황의 훈도를 가장 일찍 받은 선진先進이었고 임진왜란 때 의병을 일으킨 행적으로 인해 봉화금씨가 안동권에서 명망 있는 가문으로 인식되는 데 결정적인 역할을 하였다.

이러한 가풍의 전통 속에서 금우열이 관료 생활을 마다한 채 향촌에서 강학을 하며 수장가로서 활동을 영위할 수 있었던 배경 역시 봉화금씨가 경북 지방에 세거하며 학문과 도덕의 가통을 이은 문벌가문이자 일정한 토지와 노비를 소유한 중소지주층이었다는 점에서 기인했다고 볼 수 있다. 그의 입장에서 보면 16세기부터 봉화금씨 인물들에 의해 형성된 향촌 사회에서의 폭넓은 인지 기반이 그가 안동권에서 사족으로서의 지위를 유지하고 교유를 확대하는 데 있어 도움이 되었을 것으로 생각한다.

봉화금씨의 지파支派 중 금우열은 금규琴暌를 시조로 한 낭장공파郎將公派의 후손이다. 그의 가문은 매헌梅軒 금보琴輔(1512~1587)에 이르러 퇴계 문도의 주류로 편입되었고 아울러 지역사회에서 위상이 높아진 계기가 되었다. 그는 1885년 통정대부첨지중추부사에 제수되었으나 관계로 나아가지 않았다. 18세기 이후 영남 유림의 출사가 부진했던 상황과 맞물려 관직에 나아가지 않은 선조들의 관례를 따른 것이다. 따라서 그는 1878년 대원군의 서원 철폐 정책에 의해 훼철된 서원을 복구해 달라는 상소를 올린 것이 현실 정치에 참여한 유일한 행적이었을 정도로 철저히 향촌 사회에 기반을 두고 생활하였다.

이황을 계승한 봉화금씨의 가학은 19세기 금우열의 세대에 와서도 여전히 고수되었다. 그의 생부 금정석琴廷錫 역시 퇴계학을 계승한 인물이었으며 금우열 자신은 이황의 종손 이휘영李彙寧(1788~1861)의 문하에 들어가 수학함으로써 자연히 이황의 학맥을 잇게 되었다.[95] 이러한 학문적 배경으로 인해 금우열은 영남 남인들과 주된 교유를

하였고 여러 문중 가운데에서도 외가였던 진성이씨眞城李氏 인물들과 친분이 두터웠다. 이를 증명하듯 그의 유고인 『자산집紫山集』에 수록된 서발문과 주고받은 편지, 묘지명은 대부분 진성이씨 후예들이 작성한 것이다. 또한 자산서당紫山書堂을 건립하여 유림 자제들의 강학講學 공간으로 제공했으며, 선대부터 농암 이현보 가문과 친분이 있었던 연고로 1902년 79세의 노년의 나이에 애일당구로회愛日堂耆老會라는 계회에 참석하는 등 근세인이었지만 조선 유림의 생활을 그대로 이은 향촌 지식인의 삶을 영위하였다.

비록 금우열은 출사를 포기한 향반이었지만 그는 여전히 지역사회에서 명망 있는 인사로 인지되었던 듯하다. 증손자 금보헌琴鏞憲이 등사한 『자산창수록紫山唱酬錄』은 이러한 정황을 담은 자료로서, 여기에는 경북 지역뿐 아니라 서울과 경기, 충청권에 거주했던 양반들이 쓴 약 250편의 글이 수록되어 있다.[96] 대부분 그의 서재인 자산정사와 상우실尙友室, 효연당嘐然堂의 모습과 명문사족으로서 금우열 위상, 그가 수집한 많은 필적을 칭송한 내용으로서, 금우열의 향촌 사회에서의 입지를 잘 대변해 주는 기록이다.

금우열과 지역사회에서 다양한 교유관계를 이룬 인물들은 그의 일상과 취미를 잘 파악하고 있었을 것으로 추정된다. 기록에 의하면 그는 역사학과 강학, 역대 인물, 국가의 흥망성쇠, 성씨 분파에 능통하기로 유명했다고 한다.[97] 또한 금우열의 평소 생활을 언급한 글에서 비중 있게 등장하는 내용은 그가 옛사람들의 묵적을 수집하는 취향이 상당히 높았다는 점이다. 이와 관련해 이중균李中均이 쓴 글을 먼저 인용해 보도록 하겠다.

> 공은 봉성鳳城[奉化]의 세가이다. (중략) 본디 옛사람의 묵적을 심하게 좋아하여 무릇 우리나라 명현들의 편지나 시축 같은 것은 꼭 얻겠다고 결심하였고, 얻으면 귀중하게 간수하여 당堂 하나에 고이 수장하고 그 당의 이름을 '효연嘐然'이라 하였다. 이는 모두 유자儒者의 본분으로 마땅히 할 일이다.[98]

위 글은 금우열이 고인 묵적을 매우 좋아한 취향을 지녔고 이를 집요하게 모으고자 한 수집욕도 있었음을 말해준다. 아마도 그는 남공철이 말한 수장가들의 병적인 습벽을 지녔던 인물이었던 듯하다.

앞 절에서 살펴본 19세기 문화유씨 가의 인물들이나 여타 지방의 수장가들과 마찬가지로 금우열 역시 조상으로부터 전래된 서책과 유묵, 필첩 등을 기초로 하여 자신의 수장품을 형성하였다. 또한 산재되어 현존하는 실물 자료나 기타 문헌을 통해 흥해배씨나 진성이씨 등 외파外派의 장서를 일부 가지고 있었던 것으로 파악됨에 따라, 타인의 가장품이 금우열의 수중으로 유입되어 보관되었던 것으로 생각된다. 특히 흥해배씨興海裵氏는 조선 전기부터 배삼익裵三益이나 배용길裵龍吉 등 유명한 장서가를 배출한 집안이었으므로 봉화 금씨 인물들과 교류를 통해 끼친 영향이 컸을 것으로 보인다.

금우열의 문집에는 그가 명현 묵적을 많이 소장했다고 되어 있을 뿐 실질적인 작품명에 대해서는 언급이 없다. 이것이 그의 수장품의 정황을 구체적으로 파악하는 데 있어 어려움으로 작용하지만, 그럼에도 그가 수장했던 필첩의 양은 상당히 풍부했던 것으로 보인다. 그는 명현 필적을 보관했던 효연당을 짓고 기문을 지으며 다음과 같이 밝혔다.

> 천성적으로 옛 현인들의 수묵手墨에 벽호癖好가 있어 오래되고 가까움을 따지지 않고 사방으로 구하고 널리 구하여 첩으로 만든 것과 책으로 만든 것이 무려 3천 본이다. 소장공蘇長公[蘇軾]의 말에 이르기를, '무릇 기뻐할 만한 물건으로

남을 기쁘게 할 수 있으나 남에게 줄 수는 없는 것은 글씨와 그림만 한 것이 없다. 집에 있는 것은 오직 잃을까 걱정하고, 남이 소유한 것은 오직 나에게 주지 않을까 봐 걱정한다.' 이윽고 스스로 웃으며 말하였다. '나는 부귀에는 박하지만 글씨에는 후하고, 죽음과 삶은 가볍게 여기나 그림을 중히 여기니, 어찌 전도되고 어긋나 그 본심을 잃어 마치 보회당에 기록한 것처럼 되겠는가?' 하였다.

보회당寶繪堂은 소식蘇軾의 친구이자 서화수장가였던 왕선王詵(1036~1089)이 고금의 서화를 수집해 놓았던 장소를 가리킨다.[99] 금우열은 소식의 말을 빌려 자신 역시 효연당에 필첩을 다량으로 수집한 이유를 간접적으로 시사하고 있다. 즉 사물에 집착하면 인간 본연의 것을 잃는 것이 아니라 그 좋아함의 정도가 부귀와 생사를 초월한 수준이므로 오히려 진실한 본심은 남아 있다는 뜻이다. 이는 완물상지에 대한 금우열의 입장을 표방한 것이자 자신의 수집 활동에 대해 스스로 부여한 의미라고도 할 수 있다. 이처럼 금우열이 효연당에 수장된 명현 묵적이 3천 점을 헤아린다고 한 것을 보면 그가 평생 수집한 필첩 자료는 이보다 훨씬 많았을 것으로 추정된다.

금우열의 동향인이자 친우였던 풍산김씨 김세락金世洛은 그가 중국 당·송 이하 선현들의 수적을 모았는데 무릇 15권이었으며 가전하여 보배롭게 간수하였다고 하였다.[100] 효연당의 기문과 김세락의 글을 통해 금우열이 수집한 작품에는 우리나라 명현들의 글씨와 더불어 중국 서예가들의 글씨도 포함되어 있었음을 알 수 있다. 그러므로 그는 그림보다는 명현 필적에 더 관심을 두고 그들의 유필을 전문적으로 수집한 필첩 수장가였다고 할 수 있을 것이다.

그가 필적 위주의 수집 취향을 보인 배경은 필묵을 특히 중요시한 가풍의 영향이 컸던 것으로 생각된다. 금우열의 선대는 학풍에 있어 안동 지역의 다른 가문처럼 이황을 충실하게 계승한 입장이었다면 문화적으로는 글씨를 잘 쓴 명필들이 배출되었고 풍부한 장서와 필적을 구비하여 후손들이 이 분야에 족적을 남길 수 있는 환경을 제공하였다. 이러한 분위기가 형성될 수 있었던 데에는 금우열의 10대조인 매헌 금보의 역할이 지대했던 것으로 파악된다. 금보는 퇴계의 수제자이자 오수영吳守盈, 이숙량李叔樑과 더불어 '선성宣城[예안] 삼필三筆'로 불리며 글씨로 소문난 명필가였다. 유려한 초서를 잘 쓰기로 유명했던 그는 이미 어려서부터 글씨에 뜻을 두어 6세 때부터 붓을 잡았고 13세 때에는 글씨를 벽에 걸어두면 구하는 자가 있었다고 한다.[101] 이황은 이러한 금보를 두고 '여러 명필들의 글씨가 모두 훌륭하지만 아무개[금보]의 심획心畫이 더욱 훌륭하다'며 필법 속에 내재된 금보의 정신적인 측면을 높이 평가하였다. 또 감사監司 이청李淸이 해영海營에 재임하고 있을 때 금보의 묵적을 판각하여 수양관首陽館에 걸어두고 서북 지역의 선비들로 하여금 그 필법을 본받게 했을 정도로 금보는 타 지역에 대한 16세기 영남 유림의 문화적 우월성을 상징하는 인물이기도 하였다.

직계 선조의 유필 외에 금우열이 수장했던 필첩 중에는 외가인 홍해배씨 인물인 배삼익裵三益(1534~1588)의 유묵첩이 포함되어 있었는데, 후에 배삼익의 후손 배선철裵善澈이 돌려줄 것을 요구하여 원소장처로 되돌려준 경우도 있었다.[102] 이렇듯 금우열의 수장품은 예기치 않은 일로 인해 출납의 변동이 생겼을 것으로 추측된다.

그럼에도 금우열이 생전에 수집했던 작품의 양은 풍부했던 것으로 보이며, 그는 평생 모은 서책과 필첩을 보관하기 위해 몇 군데에 수장처를 마련하였다. 아마 점차 증가하는 작품들을 보관하려면 더 많은 공간이 필요함을 느꼈기 때문이었을 것이다. 필첩을 보관한 주요 장소로는 자산정사, 효연당, 상우실이 있었다. 안타깝게도 이 세 건물은 이미 오래전에 유실되었다. 이 중 금우열이 가장 먼지 지은 것은 자산정사로서, 1862년에 건립하였다. 봉화 태자산太紫山의 최남단의 경계 지역이자 선조들의 재실과 암자가 있었던 곳에 자리 잡았던 자산정사는 매헌 금보 이래 가전된 선조의 유필을 수습하고 서책을 보관하기 위한 장서실이었다.103

자산정사와 상우실 외에 금우열은 56세 되던 해인 1879년 효연당이라는 집을 짓고 자신의 또 다른 수장처로 삼았다.104 위에서 인용한 기문을 통해 살펴본 바와 같이 그는 이곳에 자신이 오랫동안 수집해 온 수천 점의 서첩을 보관하였다. 금우열은 선조 유묵과 중국 및 우리나라의 명현 필적을 수장한 장서처인 상우실과 효연당, 장서처인 자산정사라는 개인 도서관을 경영하며 지방 수장가로서 나름의 문화적 역량을 꾸려가고 있었던 것이다.105 그는 위에서 소개한 『자산창수록』에서 살펴본 바와 같이 이러한 수장처를 자신만의 공간이라는 개념에서 탈피하여 여러 향반鄕班들에게 제공했다는 사실은 금우열의 수장처가 지방사족들의 회합 장소이자 수장가로서 그의 존재를 널리 알릴 수 있는 거점지로 활용되었음을 뜻한다.

금우열의 수집열은 그의 아들 금찬규琴纘圭가 보기에도 매우 인상적이면서도 숭고한 태도로 인지되었다. 그는 회고하기를, "선친께서는 선현 묵첩을 매우 좋아하셔서 구하기를 갓옷이나 털옷[裘褐]

처럼 하셨고 중하게 여기기를 옥[琭琰]같이 하셨다. 비록 쪼가리 글씨나 조각난 편지글이라도 단장하고 손질하여 보배롭게 간직하셨다."라고 했다든지 "선친께서는 평소에 거처하실 때 좌우에 도서를 벌려 놓고 편안히 여유 있어 하셨다."라며 부친의 생애에 있어 수집활동이나 그 완상玩賞이 얼마나 큰 비중을 차지하고 있었는지 간접적으로 시사하였다.[106] 금우열이 죽은 후 동향인 김세락 역시 그가 모은 막대한 필첩을 보고 "공이 평생 동안 힘을 쏟아 도달한 바이니 가히 다른 사람이 능하지 못한 곳에 능하였다고 말할 수 있다."라고 평가하였다.[107] 그만큼 동시대인들에게 금우열의 수집 활동은 특별하면서도 의미 있는 행위로 받아들여졌던 것이다. 또한 이러한 기록들은 보수적인 영남의 유학자들 사이에서도 19세기 후반 경에 이르면 이전에 가치를 두지 않던 완물玩物의 가치를 인정한 분위기가 확산되었음을 의미한다.

금우열이 보여준 장서와 선현묵첩에 대한 고벽痼癖, 수집에의 몰두, 수장처의 건립과 보존 의식은 서울 근기 지역 수장가들 못지않게 지방에도 전문 수장가들이 존재했을 가능성을 보여준다는 점에서 의미가 있다. 아울러 19세기 지방사족들에게 대두되었던 서책 및 각종 묵적의 수장과 보존 의식의 양상을 잘 드러내 준다고 하겠다. 그러나 비록 그가 중국 서예가들의 필적을 수장했다고는 하지만 문헌을 통해 볼 때 주로 보관했던 필적 자료는 10대조 금보琴輔 대에서부터 전래되었던 선조들의 유묵이었다. 이러한 현상은 앞서 살펴본 호남지역의 유억과 그 후손들이 풍부하지는 않았지만 서울의 신진 예술 경향을 체험하고 인식했던 것과 대조적인 모습이었다고 할 수 있는데, 이는 금우열이 활동했을 당시 영남 지역 사족들의 처사관處士觀이나 학문관學文觀과 관련이 있다.

경화 사족들에게 있어 그들의 처사관이란 현실세계를 떠나 고아하고 아취 있는 취미생활을 대변한 것이었다면 19세기 경북 지방 사족들의 처사관은 조선 후기 영남 사림들이 처했던 사회적 모순이나 구조에 의해 형성된 것으로서, 현실에 기반을 둔 것이었다고 할 수 있다.[108] 따라서 영남 유림의 존재감을 상징적으로 대변해 줄 수 있는 실체는 퇴계 이황의 글씨였으며, 이로 인해 퇴계 유묵의 수집 열기가 오래 전부터 형성되어 있었던 것이다. 1733년 김한철金漢喆이 영조에게 올린 글에서 영남의 아동·주졸走卒들이 모두 이황을 노선생老先生이라고 칭하고, 쪼가리 글자라도 사람들이 모두 보물처럼 간직하고 있다고 한 것이 그 예이다.[109] 아마도 이러한 분위기를 오랫동안 체험한 영남의 처사형 인물들은 지역적인 고립감을 탈피

하지 못한 채 서울에서 활동한 당대 유수의 서화가들과 교유한 흔적을 남기는 대신 지역사회에서 가문의 위상이나 학통을 지탱해 주는 스승 또는 선조先祖의 묵적 수집에 더 큰 비중을 두었던 것으로 생각된다. 금우열이 선조들의 유묵을 적극 수집한 이면에는 퇴계의 학통을 이었다는 지역 유림의 자부심이 내재되어 있었기 때문이라고 본다.

따라서 조선 후기에 들어와 경향의 분기가 뚜렷하게 나타난 현상이 비단 정치사에만 국한된 것이 아니라 수장사에 있어서도 유사하게 나타난 문화적 현상이었다는 점이 주목된다. 다시 말해 조선 후기 이후 서울 지역의 수장가들과 지방의 수장가들이 처했던 환경은 각자의 활동 영역뿐 아니라 그들이 소유했던 작품의 성격과 질적 수준까지도 좌우했던 지역적인 분화현상으로까지 확대되었던 것으로, 타 지역으로부터 문화 소통이 제대로 이루어지지 않은 채 폐쇄적인 방향으로 흐른 환경적인 요인이 큰 영향을 끼쳤던 것으로 해석된다.[110]

이상으로 살펴본 금우열의 존재는 그간 실상을 잘 알 수 없었던 구한말 영남 지방 사족의 장서와 필첩 수장 활동을 보여 준다는 점에서 의의가 크다. 하지만 그가 19세기 말 격변기를 산 인물이었고

『자산창수록』에서 나타난 바와 같이 다른 지역의 선비들과 폭넓은 교유를 했음에도 불구하고 외부로부터 다양한 문화조류를 인식한 흔적이 드러나지 않는다는 점에서 동시기 서울이나 기호 지역 수장가들이 지녔던 입장과 뚜렷한 차이를 보여준다.

나오는 말_ 수장가, 예술의 생명을 이어준 숨은 공로자

지금까지 조선 후기 양반 유만주를 사례로, 18~19세기 서화 수집의 경향과 주요 수장가들의 활동을 살펴보았다. 유만주의 서화 애호와 수집은 단순한 예술 취미에 그치지 않았다. 이는 조선 후기 한양의 문화적 중심지에서 활동한 양반층의 서화 애호, 수집, 그리고 골동품 시장의 활용 등이 복합적으로 얽힌 행위였다. 또한 이러한 활동은 시대와 사회적 계층을 떠나, 동서양 컬렉션의 역사에서 공통적으로 발견할 수 있는 속성이자, 예술 작품이 오늘날까지 전승되어 그 가치를 새롭게 발견하도록 계기를 만들었다는 사실은 부정할 수 없을 것이다. 이러한 맥락에서, 유만주를 비롯한 조선 시대 서화애호가와 수장가들은 단순히 예술을 감상하는 데 그치지 않고, 그 예술의 생명을 이어준 중요한 숨은 공로자들이었다고 평가할 만하다.

한편, 조선의 수장가들이 작품을 적극적으로 수집할 수 있었던 것은 그들의 탄탄한 가문, 관직 또는 학연, 그리고 일정한 경제적 기반 덕분이었다. 이들은 비록 벼슬을 하지 못하고 재야에 머물러 있었더라도, 조상 대대로 축적된 물적 토대를 바탕으로 가문의 체면을 유지할 수 있었다. 따라서 경제적 기반이 흔들리면, 그들이 평생 공들여 모은 수장품은 세상에 흩어지거나, 새로운 소유자의 손에 넘어가 감상의 자료로 활용되었다. 이러한 현실에 대해서는 당시 수장가들도 인식하고 있었던 것으로 보인다. 따라서 이들에게 경제력 유지 문제는 매우 민감한 사항이었으며, 이는 곧 그들의 수장 활동에도 큰 영향을 미쳤다. 이 책에서 논의된 여러 양반 수장가들이 세거지가 있거나 선영先塋을 마련하고자 노력했거나, 중인이 실직實職을 통해 차익을 남기는 방법으로 재산을 보았던 점은, 조선시대 치부의 한 방편으로 볼 수 있다.

한편, 일정한 경제적 기반을 확보한 수장가들은 조상 대대로 전해 내려온 유산 외에도 다양한 방식으로 서적과 서화류를 구입했다. 17세기 후반부터 정보 공유와 물품 유통이 활성화되면서, 18세기에는 대형 장서가 또는 서화를 축부한 수장가들의 활동이 점차 표면화되었다. 또한 많은 서적과 서화, 골동품을 보관하기 위해 수장처를 설계하는 유행도 나타났다. 연행을 통해 중국의 문헌이 국내로 대량 유입되면서, 새로운 문화 흐름이 파급되었고, 이는 지적

욕구를 자극하는 계기가 되었다.

유만주의 수장 활동은 단순한 개인의 취미에 그치지 않았다. 그의 활동은 그가 속한 가문이 대대로 전승해 온 가풍 속에서 형성된 문화적 소양이자, 유학자다운 교양의 일환이었다. 기계유씨 가문은 18세기 경화 사족 가운데 시서화에 대한 관심과 감식력이 뛰어났던 가문으로, 유만주의 서화 수집은 이러한 가풍을 물려받고 실천한 행위였다. 그의 부친 유한준은 문장가이자 서화애호가로서 이미 당대에 뛰어난 면모를 보였고, 숙부 유척기도 여러 서화가와 교유하며 직접 글씨를 남긴 인물이었다. 유만주는 이들로부터 시와 서화에 대한 감식력과 심미적 기준을 배웠으며, 이를 더욱 정련된 안목으로 계승했다.

유만주의 서화수장은 무작위적인 수집이 아닌, 선별적 감식과 기록을 통한 '문화적 실천'이었다. 단순한 수집을 넘어서, 그는 자신이 소장한 서화에 대해 심도 깊은 해제를 남기며 그것을 시대와 공간 속에 위치 지으려 했다. 그에게 서화는 '감상'의 대상이자 동시에 '기록'의 대상이었으며, 수집 활동은 미적 취향과 유학적 교양이 결합된 문인의 자의식이 드러나는 방식이었다. 이렇듯 그의 서화수장은 가문의 전통, 개인의 미학, 그리고 당대의 문화적 흐름이 교차하는 지점에 있는 복합적인 문화 행위였다. 이는 조선시대 서화수장가들이 보편적으로 추구한 태도와 일치한다고 볼 수 있다.

이 책은 유만주라는 조선 18세기 선비의 활동을 중심으로 양반과 중인층 수장가들의 서화 감상 및 감식안 등에 대해서도 다루었으나, 지면 관계상 충분히 소개하지 못한 내용도 많다. 여기에 더해 옛사람들의 수장품은 기록상으로는 많이 접할 수 있지만, 오랜 세월을 지나는 동안 흩어지거나 없어져 실물로 전해지는 사례가 많지 않아 풍부한 도판을 제공하기에 한계가 있다는 것도 아쉬운 점이다. 그럼에도 사회적인 명예를 좇지 않고 자신만의 세계를 이룩한 조선시대 서화수장가들의 존재를 발굴하고 복원하는 일은 한국미술의 잊힌 역사의 한 페이지를 조명한다는 차원에서 꼭 필요한 일이다. 앞으로 이 책에서 다루지 못했거나 미비한 점은 보완을 거쳐 다른 저작을 통해 독자들과 다시 만나기를 기대한다.

❖ 주석

1 이 책은 필자의 다음 논문들을 바탕으로 재구성한 것이다.
「조선시대 서화수장 연구」, 한국학중앙연구원 박사학위논문, 2007; 「조선후기 近畿地域 書畵收藏의 형성과 전개-여주이씨 성호가문 및 교유인물들을 중심으로」, 『성호학보』 4, 성호학회, 2007, 181-231쪽; 「『欽英』을 통해 본 俞晩柱의 서화 감상과 수집 활동」, 『미술사와 시각문화』 7, 미술사와 시각문화학회, 2008, 292-327쪽; 「朝鮮後期 書畵收藏論 研究」, 『藏書閣』 24, 한국학중앙연구원, 2010, 193-231쪽; 「沈煥之의 서화취미와 수집-18세기 京華士族 收藏家의 재발견」, 『대동문화연구』 105, 성균관대학교 대동문화연구원, 2019, 97-128쪽; 「『與猶堂全書』를 통해 본 丁若鏞의 書畵愛好와 收藏」, 『성호학보』 26, 성호학회, 2024, 555-595쪽.

1. 수장가의 탄생 -유만주라는 인물

2 俞漢雋, 『著庵集』 卷18 贊 「雷淵南公贇贊」 참조. 유한준은 만년에 五老會라는 모임을 만들고 시문을 즐기며 모임을 가졌다. 당시의 모습은 洪必遇가 1803년에 그린 〈五老圖〉에 잘 나타나 있다.
3 김명호, 「朴趾源과 俞漢雋」, 『韓國學報』 44, 일지사, 1986, 43-70쪽.
4 俞漢雋, 『著庵集』 卷11 跋 「石農畵苑跋」; 俞晩柱, 『欽英』 第21冊 丙午部(1787) 4月 23日條. 유한준의 발문은 유홍준, 『조선시대 화론 연구』, 학고재, 1998, 35쪽에서 처음 소개되었다.
5 조선시대 器物銘의 성격에 대해서는 김동준, 「한국 器物銘의 역사와 성격에

관한 小考」, 『震檀學報』 97, 진단학회, 2004, 85-109쪽 참조.
6   俞漢雋, 『著庵集』 卷18 贊 「從叔父三定先生五十七歲眞贊」.
7   俞拓基, 『知守齋集』 卷15 題 「題洪世泰詩李壽長書鄭元伯畵後」; 同卷 跋 「平陽朴先生彭年草書墨刻帖跋」(『韓國歷代文集叢書』 724, 경인문화사, 1993).
8   "印籍凡百五十六顆, 俞文翼公圖章也 … 帖中多吾家季良元靈二老手蹟" 李英裕, 『雲巢謾藁』 「題兪子健洪柱印籍」.
9   "見文翼公金石摠目, 分三十二部, 始於陵殿終于寺塔." 俞晩柱, 『欽英』 辛丑部(1781) 2月 14日條.
10 이하응의 서화수장에 대해서는 황정연, 「雲峴宮을 통해 본 19세기 宮家의 서화수장과 예술향유」, 『미술사연구』 45, 미술사연구회, 2023, 83-117쪽 참조.

2. 유만주가 본 예술 —감상과 수집 대상 선정, 구입 경로

11 李裕元, 『林下筆記』 권35, 「薜荔新志」. 신위의 골동품 애완에 대해서는 이현일, 「조선후기 고동완상의 유행과 자하시」, 『동아시아문화연구』 37, 한양대한국학연구소, 2003; 홍양호외, 『19세기 조선 지식인의 문화지형도』, 한양대학교 출판부, 2006, 91-165쪽 참조.
12 任昌淳 해제, 「解題 『杜堂尺素』」, 『季刊 書誌學報』 3(1990), 167-191쪽; 성혜영, 「19세기의 中人文化와 古藍 田琦(1825~1854)의 作品世界」, 『미술사연구』 14, 미술사연구회, 2000, 137-174쪽.

13 『欽英』丙午部(1786) 1月 25日.《석농화원》에 대해서는 유홍준·김채식 번역, 『김광국의 석농화원』, 눌와, 2015; 박효은, 「홍성하 소장본 金光國의 『石農畵苑』에 관한 고찰」, 『溫知論叢』 5, 온지학회, 1999, 235-288쪽; 동저, 「18세기 문인들의 회화수집 활동과 畵壇」, 『美術史學硏究』 234, 한국미술사학회, 2002, 139-185쪽; 동저, 「《石農畵苑》을 통해 본 韓·中 繪畵後援 硏究」 홍익대학교 박사학위논문, 2013; 황정연, 「石農 金光國(1727~1797)의 生涯와 書畵收藏 활동」, 『美術史學硏究』 235, 한국 미술사학회, 2002, 61-85쪽 참조.

14 俞晩柱, 『欽英』 壬寅部(1782) 8月 17日: "見衡山太史汲泉試茗一帖, 有桃梅梨玉蘭四花七律, 皆衡山自作也. 是爲朗善君家舊物也."

3. 선비의 눈, 수장가의 손 – 유만주의 안목과 비평

15 『欽英』丙午部(1786) 2月 13日條.

16 "試求一善畵之士, 爲楚詞畵本·唐詩畵本·宋詞畵本·元詩畵本, 作畵本, 亭以貯之, 亦自雅制."『欽英』甲辰部(1784) 1月 11日條.

17 玩物喪志는 『書經』의 「周書·旅獒」 편에 "사람을 가지고 놀면 德을 잃게 되고, 물건을 가지고 놀면 뜻을 잃는다[玩人喪德, 玩物喪志]."라고 한 구절에서 유래한 것으로, 武王이 주나라를 세운 후 많은 이민족들이 공물을 바쳤고 변방국 나라인 旅에서도 獒라는 개를 공물로 바치자 召公이 이무왕에게 간언하며 올린 글에 수록되어 있다. 즉 임금이 개인적인 욕구에 휩쓸려 物慾을 내지 말아야 법도가 바르게 다스려질 수 있으니 더 큰 덕을 향한 뜻에 누가 될 수 있는 外物을 경계해야 한다는 의미이다.

18 丁範祖, 『海左集』 卷22, 「畵畵帖」: "詞章筆札, 亦學者事, 而君子猶戒以玩物喪志, 況於畵藝乎? 然視世之嗜貨利眈聲色, 以蠱其心術者, 差有間焉. 故奇人

韻士, 往往損索貨購蓄名畵, 爲寶玩, 雖無當於道德, 猶屬雅致爾…"

19 이러한 사실은 유만주가 살았던 시대가 영·정조의 탕평책 실시를 두고 노론과 소론이, 노론이 辟派와 時派로 나뉘어 첨예하게 대립한 시기였음에도 불구하고 『흠영』에는 당대 정치 상황을 언급한 예가 거의 보이지 않는다는 점을 통해서도 유추할 수 있다.

20 俞晩柱, 『欽英』第13冊 壬寅部(1782) 4月 初8日: "于明牕, 靚几, 整良硯·古墨·佳筆·名紙, 或書文章, 或艸詩翰, 或今或古, 隨意隨境, 亦有生一樂也."

21 俞晩柱, 『欽英』癸卯部(1783) 11月 15日에 이날 그가 본 서화 작품명이 열거되었다.

22 『欽英』第17冊 甲申部(1784) 6月 25日: "續藏別墨百二十五笏于古廣櫃, 封不動, 皆珠玉風月笙簧也."

23 『欽英』 1782年 8月 23日; 1784年 3月 19日; 1786年 11月 1日.

24 『欽英』第16冊 癸卯部(1783) 7月 23日: "中原博雅之士, 郵程必携書畵家, 居必畜古器以寓趣想, 豈徒然也? 東人則鈍甚, 不貴此, 亦不知有此矣."

25 『欽英』 1775年 5月 10日; 1777年 4月 初9日; 1782年 8月 23日. 임희일林希逸은 남송대 관료이자 학자, 시인이다. 경학에 해박해 관련 저술을 다수 남겼고 서화에도 조예가 깊었다고 한다.

26 『欽英』己亥部(1779) 5月 21日. 여기서 언급된 작품은 宗炳의 〈獅子擊象圖〉, 張僧繇의 〈漢武射交圖〉, 衛協의 〈穆天子宴瑤池圖〉, 周昉의 〈楊妃架雪衣女亂雙墮圖〉, 王士元의 〈綠珠墮樓圖〉, 劉松年의 〈炤盆踐兒圖〉, 燕文貴의 〈七夕夜市圖〉, 趙孟頫·管道昇 合作 〈烹茶圖〉, 張萱의 〈虢國夫人夜遊圖〉 등이다. 『櫟園書影』은 『因樹屋書影』이라고도 하며 명대 학자이자 서화수장가인 周亮工(1612~1672)의 저술이다. 예술뿐 아니라 중국 역대 고사와 제도, 종교 등 여러 분야를 다룬 소품서의 성격을 띤 雜著이다.

27 "…則所謂今者, 未必不古, 而所謂俗者, 未必不雅矣."『欽英』丁酉部(1777) 2月 5日條.
28 유만주는 어려서 부친으로부터 古文을 배웠지만 家學을 계승하지 않고 의고적인 문학관에 비판적이었다. 이러한 점이 유한준과 유만주의 서로 다른 문학관을 극명하게 보여주는 것으로 지적되었다. 배기표, 앞의 논문, 2001, 24-33쪽 참조.
29 『欽英』己亥部(1779) 5月 29日條; 同書 辛丑部(1781) 1月 初9日條 참조. 장욱이나 장필은 16·17세기 영남남인들 사이에서 초서의 대가이자 황기로의 서풍의 모체로 인식되었던 반면 동시대 서인계 인사들에게는 그다지 부각되지 못한 서예가들이었다. 18세기 유만주와 같은 노론인사가 이들의 존재에 대해 관심을 표명한 것은 조선중기 남인들의 관심과 별개로 性情의 분출을 중요시한 개인의 관심사에서 유래한 것이 아닌지 생각된다.
30 "東方書法通二千年, 當推安平大君爲第一 … 本朝之韓濩俱爲東方書法之雄, 而於安平則當讓一頭, 盖安平之書, 品自高, 畫純於晉規模, 汪然而大袪東國本色, 置諸中國, 何詎不及董朱諸公哉!"『欽英』丁酉部(1777) 6月 26日條.
31 『欽英』壬寅部(1782) 8月22日條.
32 『欽英』辛丑部(1781) 8月 初1日條.
33 尹東晳,『老耘三官通』五, 癸巳(1773) 7月條.
34 『米襄陽志林』은 『米南宮志林』이라고도 하며, 明 范明泰가 편찬한 소품저록이다. 유만주에 의하면 이 책은 총 3책으로 상고당 김광수가 증보편집하였고 이광사가 서문을 쓴 것이라고 한다. 이에 관해서는 『欽英』庚子部(1780) 6月 20日條 참조.
35 『흠영』에 의하면 유만주는 1780년 6월~7월에 걸쳐 이러한 저록을 집중적으로 접한 듯하다.

36 『欽英』庚子部(1780) 6月 26日條.
37 "定金石淵鑑之例, 石彙碑表誌碣, 而金收鐘銘." 『欽英』辛丑部(1781) 2月 14日條.
38 『欽英』癸卯部(1783) 11月 15日條.
39 『欽英』丙午部(1786) 1月 25日條.
40 이에 관해서는 文德熙, 「南公轍(1760-1840)의 書畵觀」(홍익대학교 석사학위논문, 1995); 李成美, 「『林園經濟志』에 나타난 徐有榘의 중국회화 및 화론에 대한 관심」, 『美術史學硏究』193, 한국 미술사학회, 1992, 33-57쪽.
41 柳重臨, 『增補 山林經濟』卷16, 襍方篇「顯畵」.
42 尹斗緖, 《恭齋先生墨蹟》(국립중앙박물관 소장). 高濂, 『遵生八牋』卷15, 燕閒淸賞牋「藏畵之法」(『文淵閣四庫全書』第871, 735-737쪽)의 내용은 다음과 같다. "삼나무판으로 상자를 짜고 상자 안에는 기름칠이나 풀칠한 종이를 절대 피한다. 이는 오히려 곰팡이와 습기를 초래할 수 있다. 사람의 기운이 닿은 뒤에는 땅에서 한 길 정도 떨어진 바람이 잘 통하는 벽면에 두면 좋다. 음력 5월과 8월이 오기 전에 그림을 폭마다 걸고 감상하면 바람과 햇볕을 약간 쐰 뒤 거두어 函에 넣는다. 그러고 나서 종이로 입구를 봉하여 기운이 통하지 않게 하면 음력 5월과 8월이 지난 뒤 열면 곰팡이와 바래는 것을 면할 수 있다." 이와 동일한 내용이 문진형의 『長物志』「藏畵」條에도 실려 있어 중국에서도 유사한 논의가 통용되었음을 알 수 있다(文震亨, 『長物志』卷5, 「藏畵」, 『文淵閣四庫全書』第872, 55쪽). 시기적으로 『長物志』가 『遵生八牋』보다 먼저 간행되었으므로 高濂이 『長物志』의 내용을 재인용한 것이라 볼 수 있다.
43 그 외 서화감상의 보조자료로 쓰인 중국 저록으로는 米芾(宋)의 『評紙帖』·『硯史』, 陸友(元)의 『墨史』, 梁同書(淸)의 『筆史』, 周彝尊(淸)의 『說硯』, 周嘉

胃(淸)의『裝潢志』, 周二學(淸)의『賞延素心』 등이 있다.
44 『欽英』의 己亥部(1779) 제1면에 적힌「欽英閣徵流叢目」참조.
45 『黙齋日記』에 의하면 16세기 양반 李文楗은 관청에 소속된 粧績匠에게 서화보수를 청탁한 것으로 나타난다. 그러나 유만주가 관청에 소속된 장황장에게 부탁했는지에 관해서는 확실하지 않다. 아마도 그가 말한 장황장은 여항에서 활동하던 전문가가 아니었을까 추정된다. 그 외 『흠영』의 기록을 토대로 유씨가에서는 모자, 신발, 종이 등 생필품을 제작자들로부터 직접 주문하여 조달한 것을 볼 수 있는데, 조선 후기 기술직의 분업화와 상공업 발달을 유추할 수 있는 내용이다.
46 "…如或扱之塵箱爲虫鼠蝕破, 借之他人, 爲兒童墨戲則, 豈余令日蒐輯之意耶?" 柳億, 『圓石遺稿』, 「書黃孤山草聖帖尾」(筆寫本, 개인소장). 柳億은 호가 圓石으로 雲鳥樓를 축조한 柳爾冑(1726~1797)의 손자이다. 1825년 武科에 급제한 뒤 여러 학자, 서화가들과 교유하였다. 그는 많은 서화 작품을 수장하였고 家藏 典籍을 본격적으로 정리한 인물이다. 운조루 소장 전적에 대해서는 國立民俗博物館·全羅南道 編, 『求禮 雲鳥樓』(국립민속박물관, 1988) 참조.
47 "…然故雖借人書冊其頹敗而不讀者, 必假衣而糨束楷紙而補字以還之者多矣. 是故知舊家古蹟之斷爛無餘者, 必請余借手而或帖或冊以成完本, 以余謂熟於修補而無一字一畫之因此加傷也. 此亦無愧於顏氏之訓而抑或爲敬身之一事否." 琴佑烈, 『紫山集』卷3, 說「書冊愛護說」(景仁文化社 영인본, 1999, 179-180쪽).

4. 남긴 것, 이어진 것 – 유만주 이후, 조선 후기 서화수장의 흐름

48 유봉학, 「京·鄕 학계의 분기와 京華士族」, 『조선 후기 학계와 지식인』, 신구문화사, 1999, 95-137쪽; 정두희 편, 『한국사에 있어서 지방과 중앙』, 서강대학교 출판사, 2003; 황정연, 『조선시대 서화수장 연구』, 신구문화사, 2012. 필자는 조선 후기 도시의 입지와 환경이 수장가의 사회경제적 여력, 서화교류의 범위에 끼친 영향에 대해 창의궁이 있었던 서울 西村 지역을 대상으로 연구한 바 있다. 황정연, 「조선 후기 宮家의 미술사·도시인문학적 의의-彰義宮의 장소성과 서화컬렉션을 중심으로」, 『美術資料』 91, 국립중앙박물관, 2017, 45-77쪽.

49 沈煥之, 『碧山餘藁』, 「白雲洞書室題贈金幼成幼成自淸風溪居復還故里」; 「晚暑往白雲書室邀金元方拈文谷集中韻 履規」.

50 沈煥之, 『晚圃遺稿』, 「晚圃居士傳」. 심환지와 형제간 서찰을 묶은 《鷺浩帖》의 1788년 4월 25일 자 편지에 새 집을 구하라는 내용이 있다. 아마도 용인에서 다시 서울로 돌아오면서 거처가 필요했던 것이 아닌가 한다. 그러나 이 시기에는 경제적으로 여의치 않았던 듯 자금을 융통하기 어렵다는 내용이 종종 보인다.

51 백승호, 「심환지의 생애와 문학활동」, 박철상 외 『정조의 비밀 어찰』, 푸른역사, 2011, 209쪽.

52 본문에 열거된 인물들을 포함한 조선 후기 경화 사족의 문화생활과 서화수집에 대해서는 강명관, 「조선후기 경화세족과 고동서화 취미」, 『조선시대 문학예술의 생성 공간』, 소명출판, 2001, 275-316쪽; 유봉학, 「19세기 京華士族의 生活과 思想」, 『서울학연구』 2, 서울시립대학교 서울학연구소, 1994, 113-154쪽; 차장섭, 『朝鮮後期 閥閱 硏究』, 일조각, 1997; 박효은, 「朝鮮後期 문인들의 繪畵蒐集活動 硏究」, 홍익대학교 석사학위논문, 1999;

박정애, 「「서화잡지書畵雜識」를 통해 본 성해응成海應의 회화감평繪畵鑑評 양상과 의의」, 『온지논총』 33, 온지학회, 2013, 147-184쪽; 손혜리, 「18~19세기 초반 문인들의 서화감상과 비평에 관한 연구 -成海應의 「書畵雜誌」와 南公轍의 「書畵跋尾」를 중심으로-」, 『한문학보』 19, 우리한문학회, 2008, 747-778쪽; 신영주, 「18·19세기 홍양호家의 예술 향유와 서예 비평」, 『민족문학사연구』 18, 민족문학사연구소, 2001, 398-433쪽; 황정연,「金祖淳을 통해 본 19세기 安東金門의 골동 서화애호와 감상 풍조」, 『대동한문학』 43, 대동한문학회, 2015, 61-94쪽 등 다수.

53 沈煥之, 『晚圃遺稿』, 「李仲雲漢鎭許篆圖章留石不還以詩問之」. 이한진은 1791년경까지 서울에서 살다가 이후 별서가 있는 경기 양평永坪으로 거처를 옮겼는데, 이 詩에서 '山家의 일에 빠진 것인가[故人遲敗山家事]'라는 구절이 있는 것으로 보아 그가 서울을 떠난 이후에 쓴 시로 추정된다.

54 심환지의 편지를 모은 『家藏遺蹟』(경기도박물관 소장)에 1787년 12월 15일 자에 아들 심능종에게 중국그림과 필묵을 보냈다는 내용이 있다.

55 沈渙之, 『晚圃遺稿』, 제6책, 「題所藏畵帖歸之家姪能秀」.

56 『家藏遺蹟』 1794년 4월 29일(경기도박물관 소장).

57 '경교명승첩'이라는 제목은 후대에 별도로 붙여진 명칭이다. 《경교명승첩》에 대해서는 박은순, 『정선』, 나무숲, 2002; 최완수, 『겸재 정선』, 현암사, 2009 등 다수.

58 번역은 최완수, 『겸재 정선』 2, 현암사, 2009, 53-54쪽을 참조하였음.

59 고유섭,『韓國美術文化史論叢』, 통문관, 1966(3판), 1983.

60 최완수,『겸재의 한양진경』, 동아일보사, 2004, 35쪽.

61 〈인왕제색도〉를 보고 쓴 심환지의 감상평은 다음과 같다: "삼각산 봄구름이 보낸 비는 넉넉하여, 만 그루 푸르게 빛나는 소나무 그윽한 집 한 채 둘렀

구나. 주인옹은 깊은 장막 아래에 반듯하게 앉아, 홀로 河圖와 洛書를 즐기고 있겠지. 深은 垂로도 쓴다. 임술 초여름 하한에 만포晩圃가 쓰다[華岳春雲送雨餘, 萬松蒼潤帶幽廬, 主翁定在深帷下, 獨玩河圖及洛書. 深一作垂, 壬戌孟夏下澣, 晩圃書].

62 장동김문(안동김문)의 역사, 鄭敾의 작품활동과의 연관에 대해서는 이경구, 『조선후기 安東 金門 연구』, 일지사, 2007; 고연희, 『조선후기 산수예술기행 연구』, 일지사, 2001; 조규희, 「조선의 으뜸 가문, 안동 김문이 펼친 인문과 예술 후원」, 『새로 쓰는 예술사-한국문화 이천년을 이끈 예술후원자들』, 글항아리, 2014, 127-207쪽.

63 박은순, 「謙齋 鄭敾과 소론계 문인들의 후원과 교류」, 『겸재정선기념관 소장유물도록』, 겸재정선기념관, 2011, 82-97쪽.

64 김윤겸의 실경산수에 대해서는 박은순, 『金剛山圖 硏究』, 일지사, 1997 참조.

65 심환지의 발문은 옮기면 다음과 같다.

"예전에 듣기로 豹庵[강세황]은 화훼를 잘 그린다는데, 이 화첩을 보니 산수도 잘 그린다. 봄의 산은 옅은 筆意로 그려냈고, 여름의 산은 짙은 필의로 그려냈다. 단풍 덮인 벼랑의 맑고 시원한 모습과 눈 덮인 산의 빼어나고 깨끗한 모습도 모두 화가가 먹을 쓰는 묘리를 깊이 터득했다. 어떻게 하면 이 노인을 불러다 붓을 적시고 비단을 놓고서 나를 위해 마치 陶彭澤[도연명]의 歸來圖와 王右丞[왕유]의 輞川圖처럼 산에 사는 사계절의 그림을 그리게 하고, 옛것을 좋아하는 후세의 선비에게 남겨주어 산림의 진귀한 구경거리로 만들 수 있을까. 晩圃居士가 三淸洞 精舍에서 쓰다."

向聞豹庵善寫花卉, 及觀此帖, 亦能寫山水也. 春之山, 寫得筆意淡, 夏之山, 寫得筆意濃, 楓崖之蕭洒, 雪巒之秀潔, 皆深得畵家用墨之妙, 安得呼此翁, 舐筆臨絹, 爲我作山居四時之圖, 如陶彭澤之歸來, 王右丞之輞川, 留與後世嗜古之士, 得以爲林下之珍玩耶. 晩圃居士書于三淸之精舍.【臥內江山】(주문방인)

66 강명관,「조선후기 서적의 수입·유통과 장서가의 출현 : 18,19세기 京華世族 문화의 한 단면」,『민족문학사연구』9, 민족문학사학회·민족문학사연구소, 1996, 171-194쪽; 부유섭,「壯同 金門의 서적 유통과 지식 재생산-명청 서적을 중심으로」,『민족문화』41, 전국문화단체총연합회, 2013, 131-165쪽.

67 문덕희,「南公轍(1760-1840)의『金陵集』에 보이는 中國書畵에 대한 認識」,『미술사학연구』213, 한국 미술사학회, 1997, 85-116쪽; 俞晩柱,『欽英』丙午部(1786) 1月 25日條.

68 이만부의 문학과 예술에 대해서는 권태을,『息山 李萬敷 文學 硏究』, 文昌社, 1993; 이선옥,「息山 李萬敷(1664-1732)와『陋巷圖』書畵帖 연구」,『미술사학연구』227, 한국 미술사학회, 2000, 5-38쪽 참조.

69 李萬敷,『息山集』卷18 題跋「書大東書法後」: "余平生未嘗留意筆翰, 尋常札牘, 輒以荒蕪見笑. 然好看古帖, 每從人借歸展翫不厭."

70 성호 이익과 학파에 관한 종합적인 고찰로 한우근,『星湖李瀷硏究』, 서울대출판부, 1980; 이성무,「星湖 李瀷의 生涯와 思想」,『朝鮮時代史學報』3, 조선시대사학회, 1997, 97-128쪽; 원재린,『조선후기 星湖學派의 학풍 연구』(혜안, 2003); 심경호,「성호학파의 계보」,『성호학보』2, 성호학회, 2006, 193-246쪽.

71 황정연,「조선후기 近畿地域 書畵收藏의 형성과 전개-驪州李氏 星湖家門 및 교유인물들을 중심으로」,『성호학보』4, 성호학회, 2007, 181-231쪽.

72 丁若鏞,『與猶堂全書』第14卷 跋「跋三釜帖」;「跋十世遺墨」.

73 丁若鏞,『與猶堂全書』第1集 詩文集 第17卷 遺事「海左公遺事」.

74 丁若鏞,『與猶堂全書』第1集 詩文集 第14卷 跋「跋翠羽帖」: "…恭齋於余爲外祖之父, 故其遺墨多在余家, 蓋於人物尤長."

75 『與猶堂全書』卷2 詩「大陵三老學畵歌」와 위 각주의「跋翠羽帖」; 卷14「跋

恭齋朝鮮圖障子」참조. 《翠羽帖》은 윤두서의 손자 尹愹의 화조화를 모은 화첩이다. 윤용이 자신의 그림을 아끼는 것이 마치 翡翠가 제 깃으로 애지중지하는 것 같다는 의미에서 "翠羽"라고 명명했다고 한다.

76 구례 운조루의 연혁에 대해서는 국립민속박물관·전라남도 편, 『求禮 雲鳥樓』, 국립민속박물관, 1988 참조. 운조루 소장 서화에 대해서는 위의 책에 이영숙이 쓴 「서화書畵-書畵의 流入과 家傳」 부분에 정리되었다. 또한 운조루 소장의 각종 문집과 고문서에 대해서는 전남대학교 박물관 편, 『古文書一柳鍾淑氏 古文書』, 전남대학교 박물관, 1985; 한국정신문화연구원 편, 『古文書集成 37-求禮 文化柳氏篇』, 한국정신문화연구원, 1998; 同 編, 『古文書集成 38-求禮 文化柳氏篇』, 한국정신문화연구원, 1998; 한국정신문화연구원 편, 『求禮文化柳氏 生活日記』, 한국정신문화연구원, 2000를 참조할 수 있다.

77 이해준, 「雲鳥樓의 역사」, 국립민속박물관 편, 앞의 책, 1988, 24-42쪽. 1776년 99칸의 대가집으로 건축된 운조루의 창건 당시의 모습에 대해서는 현존하는 〈오미동가옥도五美洞家屋圖〉를 통해 짐작할 수 있다. 이 그림은 문화유씨 종가의 행랑채와 별채 등 전반적인 건물의 위치를 묘사한 평면도로서, 제작 시기는 창건 당시보다 훨씬 후대로 추정되지만 가옥의 형태와 구조, 가옥 주변의 화단이나 연못의 위치 등 초창기 운조루의 모습을 유추하는 데 도움이 된다.

78 『槿域書畵徵』 권5, 「鮮代編」 尹師國條. 윤사국은 유이주 死後 『三水公行狀』을 직접 지었고 비문의 글씨를 썼다.

79 이해준, 「典籍과 문서류」, 국립민속박물관 편, 앞의 책(1988), 146-147쪽.

80 유이주 역시 地理에 관심이 깊어 『동국여지승람』을 손수 베껴 두었으며 官營의 지도를 구입하여 집안의 전래품으로 남겨두었다. "此則輿地勝覽, 而一名則八域誌也. 先王考三水公六十年前抄出者也…." 柳億, 『圓石遺藁』, 「書輿

地勝覽卌卷後」.

81 "圓石公 … 筆帖之頭尾短言片文幾十頁, 不可盡記, 而略記述如是也…." 柳瑩業, 『紀語』 卷24 壬戌年(1922) 6月 10日(한국정신문화연구원 영인본, 2004, 814-816쪽).

82 柳億, 『圓石遺藁』, 「書憫農詩帖」.

83 柳億, 『圓石遺藁』, 「書華嚴寺石板佛經聚字作帖」.

84 이익회는 노론계 문인관료로 한성부 판윤을 지냈고 金正喜·申緯·金祖淳과 친분이 있었고 여러 영·호남의 학자들과 다양한 교류를 한 인물이었다. 俞漢芝와 더불어 전서를 잘 쓰기로 이름이 높았다. 柳億, 『圓石遺藁』 「書古東先生樂志論卌帖尾」 참조.

85 감상엽·황정수 편저, 『경매된 서화』, 시공사, 2005, 528쪽.

86 발문 끝에 "古東先生命題于老人請宋賢正書之下, 阮堂謹識."라고 써 있다. 김정희의 발문은 『阮堂全集』 第7卷, 雜著 「書古東尚書所藏覃溪正書簇」이라는 제목으로 수록되었다.

87 柳瑩業, 『王考二山府君家狀』(필사본, 기년미상). 유제양은 문필에도 재능이 있어 王師瓚·吳鼎錫·李沂 등과 詩會를 만들어 구례지역의 文風을 진작시키기도 하였다. 그는 이들의 시문을 직접 親筆로 傳寫한 후 木板에 새겨 두었다.

88 柳氏一家의 서울집이 안국동 민영철의 옆집이었는데 임오군란 때 민영철의 집이 불에 타면서 유씨 집도 사랑채가 타버려 완전히 구례로 낙향했다고 한다. 이영숙, 앞의 논문, 221쪽, 註 9.

89 "…其後楊基熏畫之, 南廷哲贊之, 權東壽書之, 有以血竹圖, 來舊價者奉閱之, 靑色其竹, 如生其竹." 柳濟陽, 『二山詩稿』 初2卷 「血竹圖」.

90 "昨午四月日, 南奎見訪, 初見可知其文士也. 夜坐共話以及阮堂筆法, 伊時阮堂片紙朝鮮白紙數行一幅, 存置几上時一展紙矣. 南奎一見忘食强請, 其於文士之

愛墨, 正是難忍, 故不得已許與. 南奎輒欣然謝之曰, 弟雖不才, 工於墨畵, 一次屛畵歸家報答云云." 柳瑩業, 『紀語』 권25 癸亥 7月 23日條. 그리고 『紀語』 권28, 29 合集 丙寅 5月 14日條 참조. "京畿龍仁蒲谷社溪里, 安長鎬, 字文若, 號松谷, 生庚午, 現在所光州府云, 文士也. 自筆屛風十幅代金一圓賣之."

91 "圓石, 高祖考虞候公號也. 秋史金正喜筆也." 柳瑩業, 『紀語』 권28.

92 "昔去之時, 非特右兩冊, 而墨畵本一, 石峯眞迹一, 淳化帖一, 三晚書一, 幷入來於丙申四月日, 本郡馬山李哀成惟自韓令家反還便耳." 柳瑩業, 『紀語』 권18, 19 合部.

93 매헌종가에서 소장했던 서책은 2005년 안동에 위치한 한국국학진흥원에 위탁되었으며 필첩 자료는 종가에서 일부 보전하고 있다.

94 李樹健, 『嶺南學派의 形成과 展開』, 168-170쪽; 宋志香 編, 『安東鄕土誌 (下)』(三元社, 1983).

95 琴佑烈, 『紫山集』 卷5 「墓碣銘」, 『韓國歷代文集叢書』 1830, 경인문화사, 1999, 325-326쪽.

96 琴鏞憲 編, 『紫山唱酬錄』, 1970, 필사본, 장서각 소장본(청구번호 D2B 81).

97 琴佑烈, 『紫山集』 卷5 「行狀」, 325쪽.

98 琴佑烈, 『紫山集』 卷1 「紫山遺稿序」, 3쪽.

99 蘇軾의 「寶繪堂記」는 자신이 한 때 서화를 좋아하여 많이 모았지만 결국 눈앞에서 스쳐간 찰나에 불과하다는 뜻의 "雲煙過眼"이라는 말이 처음 등장한 글이다. 서화감상의 순간성을 의미하는 雲煙過眼은 그 후 수장가들이 즐겨 쓴 말이 되었다. 記文의 내용은 蘇軾, 『東坡全集』 卷36 「寶繪堂記」(『文淵閣四庫全書』 第1108冊) 참조.

100 琴佑烈, 『紫山集』 卷5 「行狀」, 324쪽.

101 琴輔,『梅軒先生文集』卷1「梅軒先生年譜」(『韓國歷代文集叢書』979, 경인문화사, 1994), 9쪽. 이 책의 연보에 금보가 쓴 편액이나 비문이 언급되었다.

102 금우열의 族兄 裵善源(1802~1888, 號 三淵齋)은 금우열이 수장했던 배삼익의 유묵첩을 族弟 裵善澈이 찾아오자 이에 감응하여 다음과 같은 발문을 남겼다. 여기서 그는 금우열이 배삼익의 외파이기 때문에 그의 글씨를 소장하게 된 것이라고 밝히고 있다. "此先祖臨淵府君筆蹟也. 族弟善澈叔曄, 搜得於鳳城琴君佑烈家. 盖琴君, 卽司藝公之後, 而於吾先祖, 爲外裔, 則手墨之遺, 落在其家, 固其所也. 叔曄請還之, 琴君不以世傳之帖而悋之, 特以副叔曄之請者…." 裵善源,『守磵集』卷5「書族弟叔曄家藏先祖墨帖」(안동대학교 퇴계학연구소 編,『退溪學資料叢書』十七, 안동대학교, 2003).

103 "余於今年壬戌春, 始縛茅數間於山之中, 扁其堂曰紫山精舍爲藏書肄業之所…." 琴佑烈,『紫山集』卷3「紫山精舍記」, 195-197쪽; "…惟太庵居士實是梅軒後孫也, 筓筓中筆翰收拾粧成, 家傳之手澤…." 李晩綏,「紫山精舍上樑文」(琴鏞燾 編, 앞의 책, 1970).

104 '효연'은 뜻이 크다는 것을 가리키는 말로『孟子』의「盡心章」하편에 수록된 말이다. 공자가 琴張·曾晳·牧皮 같은 사람을 狂者라고 이르렀는데 그들의 뜻은 매우 커서[嘐然] '옛날 사람이여, 옛날 사람이여!' 하기는 하되 그들의 행동은 말을 따라가지 못하고 있다는 구절이 있다. 금우열은 자신이 공자가 광자라고 칭한 琴張과 같은 성씨이고 옛 일을 실천하지는 못했지만 옛 뜻은 간직하고자 한다는 의미에서 '효연당'이라고 지었다. 이어지는 원문 참조. "孟子曰, 琴張曾晳牧皮者, 孔子之所謂狂士, 而其志嘐嘐然曰古之人古之人, 夷考其行而不掩焉者也. … 自顧一生究竟, 雖不能行古之事, 其慕古之志, 慕古之言則有所矻矻不自已也. … 佑烈琴姓也. 竊慕其嘐嘐然古之

古之之志, 牓所居曰室曰嘐然堂自爲記." 琴佑烈, 『紫山集』 卷3 「嘐然堂記」, 197-200쪽.

105 금우열은 선조와 중국 명현의 필적을 돈독하게 수집했지만 몇 번의 화재로 인해 온전히 보전하지 못한 것으로 보인다. 이유는 알 수 없지만 자산정사에서 열 걸음도 채 안 된 가까운 곳에 위치했던 자산서당이 훼철되었고 1862년에는 家舍가 화재로 전소되어 많은 문적이 불에 탔다고 하며(琴鏞憲 編, 『紫山唱酬錄』 卷3 「紫山書堂記」), 1887년에도 불이 났으나 부인 吳氏의 배려로 인해 문적이 소진될 위기에서 벗어날 수 있었다고 한다(琴佑烈, 『紫山文集』 卷4 「故室宜人吳氏行略」, 301쪽). 이러한 정황으로 추정하건대 금우열이 수집한 필첩들은 그의 死後 흩어지기도 했지만 이미 생존 당시부터 뜻하지 않은 변고로 인해 유실되기 시작했음을 알 수 있다.

106 "先君酷愛先賢墨帖, 求之如裘褐, 重之如琬琰, 雖隻字片牘糚繕而寶弄之" 琴佑烈, 『紫山集』 卷5 「家狀」, 318쪽.

107 "…公平生精力所到, 而可謂能於人之所未能也." 琴佑烈, 『紫山文集』 卷5 「行狀」, 324쪽.

108 이종호, 「안동의 선비문화 연구」, 『韓國思想史學』 7, 한국사상사학회, 1995, 9-68쪽.

109 『英祖實錄』 卷36 9年(1733) 11月 丙申(19日)條.

110 조선 후기 영남학파의 정치·문화적 환경에 대해서는 이수건, 「朝鮮後期 嶺南學派 硏究」, 『민족문화논총』 21, 영남대학교 민족문화연구소, 1999, 169-223쪽 참조.

◈ 참고문헌

1. 자료

『紫山唱酬錄』.

『韓國歷代文集叢書』,「紫山集」.

『韓國歷代文集叢書』,「晦隱集」.

『穎翁續藁』.

『敦寧譜牒』.

『東文選』.

『貞閣全集』.

『守礀集』.

『林園經濟志』.

『杞溪文獻』.

『圓石遺藁』.

『紀語』.

『著庵集』.

『燕行錄全集』.

2. 단행본

강명관,『조선시대 문학예술의 생성공간』, 소명출판, 2001.

고동환,『朝鮮後期 서울商工業發達史』, 지식산업사, 1998.

고연희,『조선후기 산수예술기행 연구』, 일지사, 2001.

국립광주박물관 편,『愛重, 아끼고 사랑한 그림 이야기』, 2023.
김상엽,『미술품 컬렉터들-한국 근대 수장가와 수집의 문화사』, 돌베개, 2015.
김정숙,『흥선대원군 이하응의 예술세계』, 일지사, 2004.
김하라,『일기를 쓰다 1·2-흠영 선집』, 돌베개, 2015.
김정해,『慶州金氏族譜』, 慶州金氏鷄林君派宗親會, 1989.
김정희,『국역 완당전집』, 민족문화추진회, 1995.
박남수·송지원 외,『새로 쓰는 예술사-한국문화 이천년을 이끈 예술후원자들』, 글항아리, 2014.
박은순,『조선 후기 진경산수화』, 돌베개, 2023.
박철상·백승호 외,『정조의 비밀 어찰』, 푸른역사, 2011.
박철상,『서재에 살다』, 문학동네, 2014.
배현숙,『안동 임연재 배삼익 종가』, 경북대학교 출판부, 2020.
徐邦達,『고서화감정개론』, 곽노봉 옮김, 동문선, 2004.
俞炳瑞,『韓國骨董入門』, 瑞文堂, 1976.
유봉학,『조선후기 학계와 지식인』, 신구문화사, 1998.
俞晚柱,『欽英』, 정환국·박상란·윤세순 옮김, 학자원, 2022.
유홍준·김채식 번역,『김광국의 석농화원』, 눌와, 2015.
이경구,『조선후기 安東 金門 연구』, 일지사, 2007.
이예성,『현재 심사정-조선 남종화의 탄생』, 돌베개, 2014.
이종묵 외,『조선에 전해진 중국문헌』, 서울대학교출판문화원, 2021.

이우성, 「실학파의 書畵古董論」, 『韓國의 歷史像』, 창작과비평사, 1982.

전진성, 『박물관의 탄생』, 도서출판 살림, 2004.

차장섭, 『朝鮮後期 閥閱 硏究』, 일조각, 1997.

호암미술관 편, 『인물로 보는 한국미술』, 1999.

홍선표, 『朝鮮時代繪畵史論』, 문예출판사, 1999.

홍선표 외, 『17·18세기 조선의 독서문화와 문화변동』, 혜안, 2007.

황정연, 『조선시대 서화수장 연구』, 신구문화사, 2012.

3. 논문

강명관, 「朝鮮後期 京華世族과 古董書畵 趣味」, 『한국의 經學과 漢文學』, 태학사, 1996.

김영진·안정은, 「閔聖徽 가문의 장서 연구 -7대손 閔景涑과 俞晚柱의 서적 왕래를 겸하여-」, 『한국한문학연구』 80, 한국한문학회, 2020.

김하라, 「俞晚柱의 『欽英』 연구」, 서울대학교 박사학위논문, 2011.

문덕희, 「南公轍(1760-1840)의 『金陵集』에 보이는 中國書畵에 대한 認識」, 『미술사학연구』 213, 한국 미술사학회, 1997.

문선주, 「徐有榘(1764-1845)의 《畵筌》과 《藝翫鑑賞》 硏究」, 한국학중앙연구원, 석사학위논문, 2000.

박용만, 「宛委閣의 전적수집과 문화적 의미에 대한 고찰」, 『서지학연구』 32, 한국서지학회, 2008.

박은순, 「徐有榘의 서화감상학과 『林園經濟志』」, 『한국학논집』 34, 한양대 한국학연구소, 2000.

박정애, 「「서화잡지書畵雜識」를 통해 본 성해응成海應의 회화감평繪畵鑑評 양상과 의의」, 『온지논총』 33, 온지학회, 2013.

박철상, 「金在魯家 『金石集帖』 纂輯 연구」, 『민족문화연구』 97, 고려대학교 민족문화연구원, 2022.

박효은, 「홍성하 소장본 金光國의 『石農畵苑』에 관한 고찰」, 『溫知論叢』 5, 온지학회, 1999.

＿＿＿, 「18세기 문인들의 회화수집 활동과 畵壇」, 『美術史學硏究』 234, 한국미술사학회, 2002.

＿＿＿, 「《石農畵苑》을 통해 본 韓·中 繪畵後援 硏究」, 홍익대학교 박사학위논문, 2013.

배현숙, 「안동 임연재종가의 『책치부(冊置簿)』와 『외암비장(畏巖秘藏)』」, 『한국학연구』 78, 나남출판사, 2020.

송희경, 「사랑채가 있는 풍경-조선 후기 서재문화와 서재의 시각화」, 『동양고전연구』 38, 동양고전학회, 2010.

신영주, 「18·19세기 홍양호가의 예술 향유와 서예 비평」, 성균관대학교 석사학위논문, 2001.

이군선, 「海居 洪顯周의 書畵에 대한 관심과 收藏」, 『한문교육연구』 30, 한국한문교육학회, 2008.

이성미, 「『林園經濟志』에 나타난 徐有榘의 中國繪畵 및 畵論에 대한 關心」, 『美術史學硏究』 193, 한국 미술사학회, 1992.

이태호, 「다산 정약용의 회화와 회화관」, 『茶山學報』 4, 다산학연구원, 1982.

＿＿＿, 「石農 金光國 舊藏 유럽의 동판화를 통해 본 18세기 지식인들의 이국취미」, 『遊戱三昧』, 학고재, 1996a.

＿＿＿, 「정약용의 사실주의 회화관」, 『조선후기 회화의 사실정신』, 학고재, 1996b.

장진엽, 「다산 정약용의 제화시 연구」, 『東洋學』 84, 단국대 동양학연구원, 2021.

이현일, 「조선후기 고동완상의 유행과 자하시」, 『동아시아문화연구』 37, 한양대한국학연구소, 2003.

장진성, 「조선후기 고동서화古董書畵 수집열기의 성격: 김홍도의 〈포의풍류도〉와 〈사인초상〉에 대한 검토」, 『미술사와 시각문화』 3, 미술사와 시각문화학회, 2003.

_____, 「조선후기 회화와 문화적 호기심」, 『美術史論壇』 32, 한국 미술사학회, 2011.

정은진, 「惠寰 李用休의 書畵批評 연구」, 『漢文學報』 7, 우리한문학회, 2002.

_____, 「豹菴 姜世晃의 美意識과 詩文創作」, 성균관대학교 박사학위논문, 2004.

_____, 「謹齋 李觀休의 書畵收藏 考察―星湖學脈의 書畵에 대한 관심」, 『星湖學報』 3, 성호학회, 2006.

진재교, 「경화세족의 독서성향과 문화비평―19세기 洪奭周家의 경우」, 『독서연구』 10, 한국독서연구회, 2003.

황정연, 「石農 金光國(1727-1797)의 生涯와 書畵收藏 활동」, 『美術史學研究』 235, 한국 미술사학회, 2002.

_____, 「조선후기 近畿地域 書畵收藏의 형성과 전개-여주이씨 성호가문 및 교유인물들을 중심으로」, 『성호학보』 4, 성호학회, 2007.

_____, 「『흠영欽英』을 통해 본 유만주兪晩柱의 서화 감상과 수집 활동」, 『미술사와 시각문화』 7, 미술사와 시각문화학회, 2008.

_____, 「朝鮮後期 書畵收藏論 硏究」, 『藏書閣』 24, 한국학중앙연구원, 2010.

황정연, 「沈煥之의 서화취미와 수집-18세기 京華士族 收藏家의 재발견」, 『대동문화연구』 105, 성균관대학교 대동문화연구원, 2019.
_____, 「『與猶堂全書』를 통해 본 丁若鏞의 書畵愛好와 收藏」, 『성호학보』 26, 성호학회, 2024.